SV

suhrkamp spectaculum

In den Theaterstücken von Konstantin Küspert geht es um Fremdenfeindlichkeit, um die Wertegemeinschaft Europa vor dem Hintergrund seiner kriegerischen Auseinandersetzungen oder um den Wert menschlichen Lebens. Küspert lässt sich leiten von gesellschaftspolitischen und wissenschaftlichen Diskursen und weitläufigen Recherchen und entwickelt daraus mit feinem Humor und schöner Erzählkraft eigenwillige, jeweils unterschiedliche Formensprachen für die zeitgenössische Bühne. *sterben helfen* ist ein klassisches *well-made-play*, das die Debatte um Sterbehilfe in eine nahe Zukunft verlegt, in der Selbstmord zur Pflicht wird, sobald eine Erkrankung oder das Alter das Leben als unästhetisch oder zu teuer erscheinen lässt. *europa verteidigen* ist eine rasante Collage, die historisches Material, Mythologie und Fiktion vereint. *rechtes denken* schließlich ist die Montage dreier Handlungsstränge – der Gestalt gewordene Hobbes'sche Leviathan, eine deutsche Familie am Mittagstisch, die Liebesgeschichte eines Burschenschafters und einer Schauspielerin –, die mit viel Irritationspotenzial zu den Ursprüngen von gesellschaftlicher Ausgrenzung und Nationalismus führt.

»Küsperts Texte heben sich in der Theaterlandschaft ab, weil sie, bei aller stilistischen Komplexität, auffallend aufrichtig wirken. Es sind Angebote, einen Schritt zurück zu treten, heraus aus dem ewigen Wiederkäuen von Meinungen, die gerade dabei sind, Wissen und Erkenntnis den Rang abzulaufen.« (Süddeutsche Zeitung)

Konstantin Küspert wurde 1982 in Regensburg geboren.

Konstantin Küspert

rechtes denken / europa verteidigen /
sterben helfen

Suhrkamp

Erstausgabe
Erste Auflage 2017
rechtes denken © 2015 Suhrkamp Verlag Berlin
europa verteidigen © 2016 Suhrkamp Verlag Berlin
sterben helfen © 2016 Suhrkamp Verlag Berlin
Satz: Satz-Offizin Hümmer GmbH, Waldbüttelbrunn
Druck: Druckhaus Nomos, Sinzheim
Lektorat: Nina Peters
Umschlaggestaltung: Katja Bohlmann
Printed in Germany
ISBN 978-3-518-42777-4

RECHTES DENKEN

figuren

jasmin
püppi
casper
bertram

vati
mutti
peter

bürger
leviathan
anderer leviathan
behemoth
mensch auf der flucht/flüchtling
mensch der anders ist

johanna
asasel

1. AKT

love 1

BERTRAM irgendwo da rennt die temporalis-ader, wenn die getroffen wird, das ist auch ein klassischer abfuhrgrund. hier, das ist die schutzausrüstung: paukhandschuh, halsschutz, blutleder, kettenhemd gegen schnitte – wenn jemand schüchtern ist, den bringt sowas enorm voran. und es ist letztlich auch ein selektionskriterium, wenn ich mir das reinmachen lasse, das habe ich mein leben lang, das ist dann schon ein bekenntnis zu uns, zur sache.

familie 1

vati und peter sitzen am tisch. mutti bringt eine große schüssel mit äpfeln. sie essen und singen im wechsel »kein schöner land«. diejenigen, die nicht singen, summen mit.

PETER du, mutti, wie funktioniert gesellschaft?

MUTTI na –

VATI eine gute frage, mein junge! das ist nämlich so:

love 2

JASMIN ja, genau, im zeltlager, am zweiten tag. freie bühne. freie bühne! ja, bühne frei, von mir aus. auf jeden fall hab ich mir gedacht, wir machen da ein theaterstück über nazis. beziehungsweise über die strukturen und gefahren von rechtem denken. hast du bock? cool, das freut mich. wird bestimmt mega.

9

philosophie 1

ursprünglich sind wir alle einzelkämpfer. im naturzustand, dem von hobbes, sind wir alle gegen alle. jede und jeder für sich. wir müssen unser eigenes leben schützen und dürfen dazu alle mittel einsetzen. einfach weil wir erkennen, dass all unsere anstrengungen mit unserem vorzeitigen, gewalttätigen tod entwertet werden. es regiert ein mythologisches monster permanenter gewalt oder gewaltandrohung in diesem naturzustand, der behemoth. jede gesellschaft, die diesen behemoth besiegen will, muss sich dem grundbedürfnis des menschen nach selbstschutz unterordnen, weil wir uns nicht der gesellschaft unterordnen können, unserer natur nach. also erschaffen wir regeln und strukturen in unserem gemeinwesen, geben in gegenseitiger übereinkunft unser natürliches bedürfnis nach egoistischer, gewalttätiger selbstsicherung zugunsten einer höheren macht auf, das gemeinwesen bekommt das gewaltmonopol, nur noch der avatar der gemeinschaft darf gewalt ausüben. dieses letzte gewalttätige, aber beschützende wesen nennt hobbes den leviathan. die erschaffung eines leviathan bedeutet die geburt des staates aus dem chaos. es entsteht aus einer klaren übereinkunft eine sich selbst sichernde gemeinschaft, in der alle menschen, die die regeln der individuellen gewaltlosigkeit akzeptieren, in frieden und freiheit leben können.

love 3

BERTRAM ja, hier in dem raum werden auch kneipen abgehalten. das ist alles schön hergerichtet.
CASPER und da auf dem tisch, die degen?
BERTRAM das sind keine degen.
CASPER säbel?

BERTRAM die heißen schläger.

CASPER ist das jetzt aber nur deko oder kämpft ihr auch damit?

BERTRAM das ist deko, natürlich, aber die sind trotzdem echt. mit denen wird auch gepaukt, klar. aber hier, wie gesagt, finden kneipen statt. wir müssen wirklich nochmal die begriffe durchgehen.

II. AKT

philosophie 2

jetzt ist natürlich der leviathan ein fragiles wesen, im gegensatz zum robusten und immerzu auf seine chance lauernden behemoth. um den leviathan möglichst stark zu machen, verwenden die menschen homogenität.

BÜRGER du bist mit mir verwandt, ich kenne dich, wir haben die gleichen interessen, was hältst du davon, wenn wir zusammen einen leviathan bauen? gute idee, das machen wir.

LEVIATHAN sieh, alles hoffen wird enttäuscht; mein bloßer anblick bringt zu fall.

BÜRGER äh ... hallo. können wir die hier noch dazunehmen? das ist meine schwägerin, die kenne ich gut, die ist okay. super, ja gern.

LEVIATHAN so kühn ist keiner, mich zu reizen; wer könnte mir wohl trotzen? wer begegnete mir und bliebe heil? unter dem ganzen himmel gibt es so einen nicht.

BÜRGER okay ... hey, das sind freunde von mir, ich weiß jetzt grad gar nicht, ob die mit mir verwandt sind, aber die wohnen auch schon immer hier, sind gute jungs.

LEVIATHAN wer öffnet die hülle meines kleides, wer dringt in meinen doppelpanzer ein? wer öffnet die tore meines mauls? rings um meine zähne lagert schrecken.

BÜRGER sag mal, was redet der komische vogel? das ist einfach seine sprache, so redet der halt. und was macht ihr? wir geben alle unser recht auf gewalttätige selbstsicherung auf und bauen gemeinsam einen leviathan. einen was? ein seeungeheuer, welches nur kommt, wenn wir es brauchen? hä? herrgott, einen staat. habt ihr auch lust drauf? na klar, warum nicht! prima!

LEVIATHAN reihen von schilden sind mein rücken, verschlossen mit siegel aus kieselstein. einer reiht sich an den andern, kein lufthauch dringt zwischen ihnen durch. fest haftet jeder an dem andern, sie sind verklammert, lösen sich nicht.

BÜRGER aber wart mal. der da drüben. der ist nicht von uns. oder? kennt den wer?

LEVIATHAN aus meinem munde fahren fackeln, und feurige funken schießen heraus.

BÜRGER hey, wer bist du, kennt man dich? komm mal nicht näher, wir kennen dich nicht.

LEVIATHAN die gliedmaßen meines fleisches hängen aneinander und halten hart an mir, so dass ich nicht zerfallen kann. mein herz ist so hart wie ein stein.

BÜRGER wir haben alle unser recht auf gewalttätige selbstsicherung zugunsten des leviathan aufgegeben, und wenn du näher kommst, dann sichert uns unser leviathan vor dir. und das kann wehtun. hörst du?

LEVIATHAN wenn ich mich erhebe, so entsetzen sich die starken.

BÜRGER also bleib mal weg, ja? du siehst auch anders aus. und sprichst du überhaupt unsere sprache? und du kochst mit richtig viel komischen gewürzen, oder? dachte ich mir doch, ekelhaft. leviathan, verteidige uns gegen den.

LEVIATHAN eingrenzung. wenn man zu mir will mit dem schwert, so rege ich mich nicht. grenzen dicht.

BÜRGER puh, danke, das war knapp. der hat sich schon vermehrt. ganz schön viele. sind das jetzt. aber wir werden auch mehr. wird langsam ein bisschen eng in diesen grenzen. ja, und ich hab hunger.

LEVIATHAN ich mache, dass der tiefe see siedet wie ein topf.

BÜRGER jetzt redet der auch noch vom essen. ich hab richtig hunger. ja, ich auch. da drüben wäre platz. und ein apfelbaum. da drüben? spinnst du? da sind die komischen! die anderen! mit den gewürzen! und der komischen sprache! die anderen!! ja, aber sie haben einen apfelbaum. hm, stimmt. leviathan?

LEVIATHAN auf erden ist meinesgleichen niemand; ich bin gemacht, ohne furcht zu sein. ich verachte alles, was hoch ist.

BÜRGER das ist sehr schön, leviathan. folgendes: wir möchten den apfelbaum da drüben haben.

LEVIATHAN erhebe ich mich, erschrecken selbst die starken; vor schrecken wissen sie nicht aus noch ein. dort sind andere.

BÜRGER ja, keine ahnung, denk dir was aus. okay? danke.

LEVIATHAN verstanden. ich greife an. wie stoppeln dünkt mir die keule, ich lache nur über schwertergerassel.

BÜRGER super. endlich platz und äpfel. total schön hier. hab schon vergessen, dass das nicht immer schon unser zuhause war. jetzt ist unsere kultur schon fest verankert, die kriegt hier keiner mehr raus, die kultur. die der anderen war eh primitiv. war keine gute kultur. hey, was ist das denn da am horizont? was bauen die denn da? ein riesending. fast so groß wie unser leviathan! und dort auch! da drüben auch! überall!! was kann das sein? eigentlich ist der sogar größer als unser leviathan. quatsch, nichts ist größer als unser leviathan. unserer ist der einzig richtige leviathan! und falls es noch andere geben sollte, dann wäre er immer noch der größte leviathan und der beste, und er hat die schönsten und geschmackvollsten farben. hey, der kommt immer näher. was hat der denn in der hand, ist das ein schwert? verdammt, der wird doch nicht –

LEVIATHAN mein niesen lässt licht aufleuchten; meine augen sind wie des frührots wimpern. ich bin angegriffen und verletzt worden.

BÜRGER was ist denn jetzt passiert? der apfelbaum gehörte doch uns! der gehörte schon immer uns! jetzt sitzt da dieser andere leviathan drauf, der mit den anderen farben, ja gehts noch?! auf unserem apfelbaum?? leviathan, hol den baum zurück!!

LEVIATHAN straff liegt meines wanstes fleisch, wie angegossen, unbewegt. ich bin nicht stark genug.

BÜRGER ja, keine ahnung, dein problem, wir wollen das alle.

LEVIATHAN gut. mein unteres sind scherbenspitzen; ein dreschbrett breite ich über den schlamm. anderer leviathan! grüße.

ANDERER LEVIATHAN grüße, leviathan. ich hinterlasse eine leuchtende spur; man meint, die flut sei greisenhaar.

LEVIATHAN ich frage eine gemeinsamkeit an. stärke wohnt in meinem nacken, vor mir her hüpft bange furcht. zusammen sind wir stark. zusammen können wir den apfelbaum erobern, den ich als meinen apfelbaum betrachte.

ANDERER LEVIATHAN ich bin nicht abgeneigt. kein bogenpfeil wird mich verjagen, in stoppeln verwandeln sich die steine der schleuder. frage nach möglicher kompensation.

LEVIATHAN mögliche kompensation: ein apfel. auf erden gibt es meinesgleichen nicht, dazu geschaffen, sich nie zu fürchten.

ANDERER LEVIATHAN kompensation akzeptiert. alles hohe blicke ich an; könig bin ich über alle stolzen tiere. gemeinsamkeit akzeptiert.

LEVIATHAN gut. wir beginnen. rauch dampft aus meinen nüstern

ANDERER LEVIATHAN wie aus kochendem,

LEVIATHAN heißem topf.

BEIDE mein atem entflammt glühende kohlen, eine flamme schlägt aus meinem maul hervor.

LEVIATHAN sieg. wer begegnete mir und bliebe heil? der apfelgarten steht wieder unter meiner kontrolle.

BÜRGER juhu! vielen dank!! ich wusste, unserer ist der beste. oh, jetzt kommt der andere wieder. hey, jetzt hilft uns der da drüben! prima. wenn wir den da auf unseren leviathan draufsetzen, dann wird der noch größer. mist, die anderen haben jetzt auch einen größeren. ah, vertrieben. yay, zurückerobert! mist, vertrieben! huch, hier waren wir ja noch nie! hallo, hallo, hört mal alle zu, ich habe jetzt langsam keine lust mehr auf kriege, das ist mir auch zu unübersichtlich, wäre das okay, wenn wir uns einfach mal alle hinsetzen, wo wir gerade sind, und ein bisschen durchatmen?

LEVIATHAN verstanden. trifft man mich, kein schwert hält stand, nicht lanze noch geschoss und pfeil. frieden.

BÜRGER okay, jetzt sind offenbar alle leviathane friedlich. nein, nicht alle, da ganz hinten am horizont hauen sich noch zwei. naja egal, das hat mit uns nichts zu tun. und dort drüben auch. ja, egal. und dort a–. völlig egal. schau mal, da ist ein leviathan getötet worden! sagt man getötet? oder kaputtgegangen? jedenfalls ist behemoth wieder aufgetaucht. mensch, den hab ich ja lange nicht gesehen, den behemoth. hey, behemoth, was ist bei dir so los?

BEHEMOTH siehe, ich bin behemoth, ich fresse gras wie ein ochse. meine kraft ist in meinen lenden und mein vermögen in den sehnen meines bauches. mein schwanz streckt sich wie eine zeder, die sehnen meiner schenkel sind dicht geflochten. meine knochen sind wie eherne röhren; meine gebeine sind wie eiserne stäbe.

BÜRGER äh, prima! ich wollte dir nur sagen: unser leviathan ist so stark und fortschrittlich, du kommst hier sicher nicht mehr rein.

BEHEMOTH ich liege im schatten, im rohr und im schlamm verborgen. das gebüsch bedeckt mich mit seinem schatten, und die bachweiden umgeben mich. sieh, ich schlucke in mich den strom und achte es nicht groß, als wollte ich den jordan mit meinem munde ausschöpfen.

BÜRGER ja bis dann, dicker. fettes schwein. der ist so blöd. gottseidank sind wir den los. der kommt hier nie wieder rein. hey, mo– moment. da kommen lauter leute gelaufen. da von dem toten leviathan laufen die los, die laufen vor behemoth weg. was ist da los? ey. hey. die wollen hierher. hier her? aber die haben doch unseren leviathan gar nicht mit aufgebaut! können die nicht ihren leviathan wieder aufbauen? den mit den komischen farben? und der komischen sprache? und den komischen gewürzen? nein, kommt schon, wir müssen die reinlassen, sonst erwischt sie behemoth. ja und, was geht uns das an? die sind doch selber schuld. quatsch, kommt schon, los. wer sagt denn, dass die alle wirklich vor behemoth davonlaufen? vielleicht wollen sie einfach nur zu unserem leviathan, weil er so stark und schön ist.

LEVIATHAN eisen achte ich wie stroh, bronze wie morsch gewordenes holz.

BÜRGER wir sind alle sehr stolz auf dich, leviathan.

LEVIATHAN danke.

BÜRGER wir haben uns entschieden, wir lassen die jetzt mal rein, weil die sonst sterben, und das können wir als humanisten nicht tatenlos mitansehen. okay. willkommen. ihr seid in sicherheit. aber nichts anfassen. nichts. anfassen. da bleiben. nichts bewegen. nichts kochen. nichts arbeit. okay? nichts auffallen. schnauze halten. okay? gut. willkommen.

MENSCH AUF DER FLUCHT danke, mensch, das war knapp.

BÜRGER halthalthalt. nicht anfassen bitte. so. erstmal. und einen anderen namen braucht ihr auch. wir hängen ein -ling dran, damit seid ihr in unserer sprache durch eure eigenschaft definiert. auch wenn das leicht pejorativ, also abwertend, ist. aber damit kommt ihr schon zurecht, oder? hm? flüchtling? okay?

FLÜCHTLING äh …

BÜRGER gut. so. also. hier hinsetzen. und auf abschiebung warten. okay? bis krieg vorbei, von mir aus. behemoth, hast du eine ungefähre zeitvorstellung?

BEHEMOTH ich bin der naturzustand, ich überziehe das land mit anomie und chaos, ich bin der krieg alle gegen alle.

BÜRGER hm. wenn es nur irgendeine möglichkeit gäbe, das zu beschleunigen …

FLÜCHTLING was – was macht der da? hallo? warum wirft euer leviathan da dauernd waffen hin? so kann das ja nie aufhören!

BÜRGER das sind innenpolitisch-wirtschaftliche vorgänge, die – nein, nichts reden. nichts fragen. schnauze halten. so. hey, du kannst doch nicht so mit denen reden. warum denn nicht? das sind doch auch menschen. was soll n das jetzt. du kannst die nicht so behandeln. wie behandle ich sie denn? im moment drückt unser leviathan die auf den boden!

LEVIATHAN leg nur einmal deine hand daran! denk an den kampf! du tust es nie mehr.

love 4

JASMIN lieber ein ekzem am after als ein deutscher burschenschafter! lieber ein ekzem am after als ein deutscher burschenschafter! lieber ein ekzem am after –

CASPER bist du bald fertig?

JASMIN nein. lieber ein ekzem am after als ein deutscher burschenschafter! lieber –

CASPER ich fahr bis hauptbahnhof. willst du das jetzt die restlichen fünf stationen durch in mein ohr flüstern?

JASMIN ja. du kannst gern vorher aussteigen und laufen. lieber ein ekzem am after als –

CASPER was hast du denn gegen mich?

JASMIN du bist doch ein burschi, oder?

CASPER fux.

JASMIN witzbold, was?

CASPER nein, so heißen die neuen. ich bin neu in der stadt.

JASMIN mir kommen die tränen.

CASPER ich hab dir doch nichts getan.

JASMIN burschis sind einfach scheiße.

CASPER hast du auch argumente?

JASMIN hast du welche?

CASPER wofür muss ich argumente haben?

JASMIN lieber ein ekzem am after als ein –

CASPER das ist echt anstrengend.

JASMIN gut. ich bin so lange anstrengend, bis ihr euch alle auflöst.

CASPER auflösen? wie soll ich mich denn auflösen?

JASMIN ha. joker. lieber ein –

CASPER okay, okay. es tut mir leid, wenn ich dich irgendwie provoziert habe durch die mütze. ich nehme sie ab, okay?

JASMIN aber du bist doch immer noch ein burschenschafter. ob mit oder ohne hut, scheiße bleibt scheiße.

CASPER was also müsste ich machen, damit du aufhörst, mich zu hassen?

JASMIN nichts. du kannst nichts tun. du bist scheiße. glücklicherweise bist du mir außerdem egal, also mach, was du willst. so. hier steig ich aus. stirb an der scheiße in deinem kopf.

CASPER dir auch einen schönen tag!!

familie 2

vati und mutti sitzen am esstisch. freundliche stimmung. musikvorschlag für diesen part »kein schöner land« bzw. »sieg heil viktoria«. peter kommt dazu.

VATI das sieht wieder ausgezeichnet aus.

MUTTI danke.

VATI und wie das riecht!

MUTTI ich weiß eben, was meinen männern schmeckt.

VATI und wie! oder, junge?

PETER da bleibt aber die frage, und das ist ein gedanke, den ich durchaus formulieren will, auch wenn dies möglicherweise unreflektiert ist: bin ich verantwortlich für den hunger in der welt? für die ungerechtigkeit, den krieg, das leid? ich bin ein kind, bin nicht fähig, für mich selbst zu sorgen, lebe noch im geschützten verbund der kernfamilie, die mich ernährt, behütet und erzieht, mir das wertesystem und die wirklichkeitswahrnehmung mitgibt, die die folgenden jahrzehnte meines erwachsenenlebens zumindest prägen, wenngleich vielleicht nicht bestimmen werden, und muss nun das gefühl haben, durch die gnade der späten, nordwestlichen geburt gewissermaßen, noch vor abschluss der schule, verantwortung für die wirtschaftlichen, militärischen oder juristischen verbrechen meiner eltern, großeltern, urgroßeltern und aller elternseltern vor ihnen übernehmen zu müssen? nein, ich kann beim besten willen keine gerechtigkeit in einer solchen erwartungshaltung erkennen, die möglicherweise nur in meinem kopf besteht, aber doch möglicherweise auch in den köpfen der vermeintlich unterprivilegierten, ja ohne negative konnotation eigentlich subalternen, denen ich selbstverständlich keine faulheit oder einen fatalismus oder dergleichen untätig machende geisteshaltung unterstellen möchte. ich bin eben nur ein kind und kaum zu den nötigen reflexionen fähig. ich werde mich auf die suche begeben nach strukturen, die mir die sicherheit und das wertesystem geben können, welches ich in dieser hyperkomplexen gesellschaft, deren zusammenhänge ich nicht verstehe, wiewohl ich ihre ungerechtigkeit entsetzlich stark spüre, so dringend benötige.

VATI ihm schmeckts, offenbar!

alle lachen. der inbegriff einer glücklichen familie.

love 5

PÜPPI der kern politischer beschäftigung mit der materie muss doch darin liegen, einen derart komplexen sachverhalt wie rechtes denken in einer einfachen, nachvollziehbaren weise erlebbar zu machen. deshalb halte ich psychologische figuren nicht nur für sinnvoll, sondern geradezu für geboten. ja, natürlich ist das ein problem. aber ich glaube, dass man gerade den familienvater vielleicht auch behaupten kann, und mit einer frau als hosenrolle –
ja, klar wäre das besser.
haha, nein.
okay, ich frage.
bertram, würdest du bei unserer performance zum thema rechtes denken mitmachen?

BERTRAM hahaha. nein.

PÜPPI hast dus gehört? er hat nein gesagt. und gelacht.
ja.
nein, ach quatsch, er ist kein – hallo – ey hör mal, mein bruder ist kein nazi, okay?
er ist halt, was er ist.

BERTRAM ich bin halt, was ich bin.

philosophie 3

LEVIATHAN du darfst herein. du darfst herein. wer öffnet die hülle meines kleides, wer dringt in meinen doppelpanzer ein? du darfst nicht herein. du darfst herein. du darfst nicht herein. du darfst nicht herein. du darfst herein.

MENSCH AUF DER FLUCHT ich bin gern dort, von wo ich herkomme. dort kenne ich alle, ich verstehe sie. meine vergangenheit ist dort, alle erinnerungen. aber nicht meine zukunft.

BÜRGER schön zu sehen, wie unser leviathan so hart arbeitet, nicht? toll. macht der das. sehr schön. ja. ich finde nicht, dass der das besonders gut macht. es gibt hier immer noch zu viele. andere. mit essen. eine frechheit. zu viele. hier. bei uns. die sollen doch dahin zurück, wo sie hergekommen sind. aber nicht hier bei uns. natürlich, flüchtlinge, um die muss man sich kümmern. theoretisch. aber es gibt zu viele, die nur hier sind wegen unseres apfelbaumes. und den apfelbaumflüchtlingen muss man nicht helfen. im gegenteil. leviathan! den hier raus.

MENSCH AUF DER FLUCHT ich werde niemanden kennen, wo ich hingehe. nichts verbindet mich mit jenem ort. wir haben nichts gemein, brauche keine vergangenheit zu suchen, dort. aber meine zukunft, die werde ich dort finden.

LEVIATHAN dieser ist wahrlich verfolgt. stärke wohnt in meinem nacken.

BÜRGER hmmnagut, dann den hier?

LEVIATHAN dieser hier ist einer von uns. mein herz ist fest wie stein. er arbeitet für die gemeinschaft.

BÜRGER leviathan! guck doch mal. der sieht ganz anders aus als wir. du, hau ab, du. leviathan, schmeiß ihn raus!

MENSCH AUF DER FLUCHT ich hoffe nur, dass ich meine gegenwart überstehe. auf der flucht.

LEVIATHAN nein. er schadet nicht. rings um meine zähne lagert schrecken. benehmt euch.

BÜRGER hey du penner, hau ab. auch wenn der leviathan sagt, dass du bleiben kannst, bist du noch lange keiner von uns. du musst gehen. du musst raus. du kriegst zu viele kinder. du bist zu faul. du bist kriminell. du bist einfach anders. also hau ab. los. los!

MENSCH DER ANDERS IST was willst du denn von mir? ich bin hier geboren!

BÜRGER nichts da. abhauen. zurück nach hause. los.

MENSCH DER ANDERS IST was hey hallo was wollt ihr denn alle? hey vorsicht –

BÜRGER hau ab! los! deutschland den deutschen, ausländer raus! deutschland den deutschen, ausländer raus!! ali mehmet mustafa, geht zurück nach ankara! hier! marschiert! der nationale widerstand! neger neger feiges schwein, komm heraus und kämpf allein! das kannst du doch nicht sagen. klar kann ich. okay, na gut.

MENSCH DER ANDERS IST hey wow wow wow das geht jetzt schon ein bisschen zu weit hier hallo vorsicht das brennt hey du kannst doch nicht hallo hilfe leviathan hilfe hilfe!

BÜRGER der leviathan kann dir nicht helfen, wir sind zu viele. außerdem ist der auch verlogen und unterwandert.

LEVIATHAN ich erkläre diese versammlung für beendet! straff liegt meines wanstes fleisch. hiermit erteile ich allen anwesenden einen platzverweis. gehen sie nach hause.

BÜRGER haha. was willste machen, leviathan? wir fackeln den jetzt ab und du kannst nur zuschauen. brenne, du schwein, brenne!

LEVIATHAN jetzt schluss! mein atem ist pfefferspray, zwanzig bar wasser schießt aus meinen nüstern hervor.

love 6

BERTRAM – heißen wir außerdem heute bei unserer semesterantrittskneipe unseren neuen fux casper willkommen. die meisten von euch werden ihn schon kennen.

CASPER hallo.

BERTRAM silentium! zu ehren unseres neuen kommilitonen reiben wir einen salamander.

ad exercitium salamandri! eins! zwei drei!

eins!

zwei!
drei!
eins! zwei! drei!
silentium ex!
alle trinken. ob casper das gefällt?

III. AKT

familie 3

vati und mutti sitzen am esstisch. freundliche stimmung. musikvor-
schlag für diesen part: tonstörung – »blut muss fließen«.

VATI mensch, ist das wieder toll.

MUTTI ja.

peter kommt dazu, er trägt bomberjacke, gebleichte jeans, springer-
stiefel, glatze. und lehnt einen baseballschläger an den tisch.

VATI und das riecht so gut.

mutti ist etwas irritiert, vati ignoriert den aufzug des sohnes.

MUTTI äh ...

VATI ja?

MUTTI ja. ich weiß eben, was meinen männern schmeckt.

VATI und wie! oder, junge?

PETER unsere grundsätze

volk

wir bekennen uns als einzige jugendorganisation in deutschland zum deutsch-europäischen abstammungsprinzip. wir
wollen die völker erhalten und fordern daher gleichberech-
tigung der völker statt den öden multikulti-völkerbrei, der
schon heute gescheitert ist.

heimat

wir wollen unsere kultur leben und bewahren. deshalb set-
zen wir die traditionen unserer jahrtausendealten geschichte
fort, die so eng mit dem land verbunden ist, in dem wir leben.

freiheit

heute wird zwar meinungsfreiheit gepredigt, jedoch gilt diese nur für eine kleine politische kaste der bundesrepublik

und für deren dumpfe mitläufer, die idiotischem konsum-
wahn und totaler ich-sucht verfallen sind. selbstdenker, idealisten und nationalisten bekommen die härte des staatsappa-
rates zu spüren, wenn sie echte freiheit einfordern und ihr
leben nach ihren idealen führen. doch die deutsche jugend
lässt sich nichts verbieten. wir stehen auf gegen unfreiheit,
werteverlust, moralische verkommenheit und die herrschen-
de heuchelei. freiheit liegt uns im blut.

in unserer gemeinschaft nimmt jeder seinen platz dort ein,
wo seine stärken liegen und er der gemeinschaft den größt-
möglichen nutzen bringt. wir bieten unseren mitgliedern
eine vielzahl an angeboten in den bereichen sport, kultur,
brauchtum und geschichte, damit jeder das erlebnis der gemeinschaft auf eine ganz besondere art und weise kennen-
lernt.

uns geht es um die köpfe und die herzen unserer jugend.

durch bildung und ausbildung legen wir politische, histo-
rische sowie weltanschauliche grundlagen und vermitteln
handwerkliches rüstzeug für die politische arbeit. jeder aktivist in unseren reihen soll nicht nur fühlen, sondern auch
wissen, warum er mit uns gemeinsam kämpft.

aktivismus heißt, den kampf um die straße zu führen. die
jugend muss aus der gleichgültigkeit gerissen werden und
wieder bereit sein, die geschicke unseres landes aktiv zu gestalten. mit kreativen, witzigen und bewährten methoden
greifen wir in das politische geschehen ein und ergänzen damit die parlamentarische arbeit unserer mutterpartei.

*mutti guckt etwas ängstlich zu peter. der isst einfach, stur, ge-
radezu.*

VATI ihm schmeckts, offenbar!

*alle lachen. mutti etwas gequält. dann endet das lachen, peter steht
auf, nimmt seinen baseballschläger und geht.*

love 7

CASPER tradition ist ja nicht das halten der asche, sondern das
weitergeben der fackel. sagt man. haha naja. und darum
gehts glaube ich auch. zusammen. man erlebt gemeinschaft,
feiert zusammen, lernt zusammen, viele wohnen zusammen,
man hat freunde und schafft sich auch verbindungen, die
über das studium hinausgehen. also im endeffekt natürlich
connections, nicht, also vitamin b. wenn man so will. man
ist eben zusammen, in einer gruppe, wie ein sportverein
auch oder ein chor oder so. und das ist schon schön, einfach.
klar. dieses zusammensein. dieser große instant-freundes-
kreis, wenn man so will. nicht. man ist sofort mit allen brü-
dern verbunden, und den alten herren, die teilweise ja in hohen und höchsten positionen in politik und wirtschaft sitzen.
auch das kann im prinzip ja nicht schaden. das ist einfach ein
gutes gefühl, man singt die lieder, man teilt die rituale und
kneipen, man sieht ähnlich aus, man stellt sich gemeinsam
der angst auf dem paukboden ... also ich jetzt noch nicht,
aber bald mach ich das auch mal. und das gehört glaube
ich auch dazu. dass man sich überwindet. das ist der hänge-
brücken-effekt; gemeinsam einen adrenalinrausch, und dein
gehirn verwechselt die ursachen für die endorphine, und
du bist in alle verliebt, die diese erfahrung mit dir teilen. au-
ßenstehende werden das gar nicht nachvollziehen können,
wie das dann ist. in dieser gemeinschaft, die sich zusammen-
findet.
und diese gemeinsamkeit, die entsteht vor allem durch –
ich meine, das ist ja dezidiert kein sportverein, oder.
also man umgibt sich mit menschen, die einem –
werte, im endeffekt. es sind ja nicht die uniformen, die farben und so, das ist äußerlich. es geht natürlich um werte. ja
klar. gemeinsame werte.

aber ob ich dem jetzt so –

naja. nicht so hundertprozentig. natürlich nicht. also wenn ich ehrlich bin, eigentlich in weiten teilen auch ein stück weit gar nicht. klar nicht, eigentlich.

ich meine, diese ganze vorstellung von –

das ist doch alles nicht mehr zeitgemäß.

herrgottnochmal, ja, das sind doch alles werte aus dem letzten, nein aus dem vorletzten jahrhundert. weiß ich doch.

finde ich auch nicht gut. aber was soll ich machen. darum gehts doch nicht.

ach oder klar gehts darum. die gespräche. die dekoration. klar gehts darum. gottfreiheitvaterland.

gott freiheit vaterland.

GOTT!!

FREIHEIT!!

VATERLAND!!

das sind die werte. hier. für alle wird viel gestorben. der erste ist der panische versuch der menschen, eine wertordnung durch eine magische entität zu garantieren, belohnung und strafe inklusive. das zweite ist ein ideal, das umso mehr bemüht wird, je weiter man individuell davon entfernt ist, und das dritte ein beliebiges konstrukt anhand vermeintlich gemeinsamer sprache und märchen.

na prima.

und die jeweils eigenen ausgaben der werte, den eigenen gott, die eigene freiheit und das eigene vaterland kann man auch noch wunderbar mit denen der anderen menschen vergleichen und für besser erachten. also ist in diesen werten doch schon von vornherein der schwanzvergleich eingebaut. immer gibts ein besser und ein schlechter. und das führt automatisch zu frustration beim gegenüber und/oder bei einem selbst. und das wiederum führt in der regel zu spannungen, zu gewalt. und ehe man sichs versieht, ist ein ungläubiger ge-

köpft oder gekreuzigt, ist der irak oder polen bombardiert
und der südsudan oder schottland abgespalten.

philosophie 4

LEVIATHAN aufgemerkt. panzer sind mein bauch, wer kann sie
öffnen? so etwas wie neulich darf nicht mehr vorkommen.
BÜRGER na moment mal, leviathan. halthalthalt. halt. stop. hallo. das liegt ja wohl nicht nur an uns. oder? es gibt einfach
zu viele mittlerweile. langsam wirds voll. oder? wir können
doch nicht alle aufnehmen. das geht nicht. wir würden ja
gern. aber das geht nicht. das geht doch nicht! es wird zu
voll hier. zu voll.
LEVIATHAN platz ist vorhanden. schrecklich stehen meine zähne umher.
BÜRGER leviathan, deine kieferorthopädischen selbstbetrachtungen sind überhaupt nicht hilfreich. was ist denn auch die
alternative? wir müssen sie doch aufnehmen, wir können sie
nicht behemoth ausliefern. aber wer sagt denn, dass alle, die
jetzt kommen, dass die wirklich bedroht werden von behemoth? okay, die da drüben, da siehts wirklich so aus, als
wäre der leviathan tot. aber da hinten zum beispiel, der hat
sich gerade bewegt. tiptop! ist der. der wird schon noch mit
behemoth fertig, wenn ihm nicht die ganzen leute davonlaufen. die müssten natürlich vor ort bleiben und ihm helfen,
ihn aufbauen.
LEVIATHAN mein niesen glänzt wie ein licht. welche aktion
wird von mir verlangt?
BÜRGER wir müssen sicherstellen, dass nicht so viele andere
reinkommen. es geht auch um ressourcen, die sind begrenzt.
das wird sonst für alle schwierig. wir haben doch auch nur
diesen einen apfelbaum. diesen baum, den wir im schweiße

unseres angesichts selber aufgebaut haben, weil wir nun mal so fleißig sind. die anderen menschen hätten sich ja auch einen schönen leviathan und einen so schönen apfelbaum aufbauen können, aber das haben sie halt nicht gemacht. die sitzen halt einfach lieber in der sonne. siesta. genau. das ist ja auch ihr gutes recht, ich will ja niemandem vorschreiben, wie er sein leben gestalten soll, jeder wie er mag, aber man muss halt die konsequenzen tragen. hier wird halt gearbeitet. woanders halt eher nicht. ich glaub, die da hinten versuchen zu arbeiten, aber ihr leviathan nimmt sich immer alles, sobald sie einen neuen apfel fertig haben. aber der leviathan ist ja auch nur die summe seiner menschen, nicht? dann müssen sie halt selber gegen den korrupten leviathan vorgehen.

LEVIATHAN auf mich jedoch trifft das nicht zu. oder? mein herz ist ein mühlstein. ich tue euch kein leid und kein unrecht an.

BÜRGER ja, alles gut, du bist ganz anders. die frage ist nur. weiterhin. wie kriegen wir raus, wer wirklich bedroht ist. wen wir also wirklich aufnehmen müssen. wer gerettet werden darf. wer rettung verdient hat. wer nicht einfach nur aus bequemlichkeit sich hier in die hängematte unter unseren apfelbaum legen will. das sind nämlich die meisten. so sieht das aus. nur weil da drüben der lebensstandard ein bisschen niedriger ist. selbstverschuldet! natürlich. und die kindersterblichkeit ein bisschen höher. und – oh, ich glaube, der leviathan da haut gerade auf seine bürger ein. eieiei. und jetzt rennt er ihnen nach. das sieht nicht gut aus.

LEVIATHAN ein freund ist er mir, der andere leviathan. stärke wohnt auf seinem wanst.

BÜRGER ach, die werden schon wissen, was sie angestellt haben! werden sie schon wissen. immerhin sind wir dem gegenüber freundlich gesinnt. oh, aber das sieht schon nach vielen aus.

ooh. jetzt im stadion, ne, das gehört sich eigentlich nicht. sag dem das mal.

LEVIATHAN anderer leviathan! unter mir sind spitze scherben. grüße.

ANDERER LEVIATHAN guter freund, das tut mir leid.

LEVIATHAN äh. dampf geht auf von meinen nüstern. ich habe bemerkt, dass du viele menschen in stadien –

ANDERER LEVIATHAN guter freund! muss dich nicht kümmern. ist innere angelegenheit. geh nach hause! frohe weihnachten.

BÜRGER hm, also, das ist schon ein bisschen komisch. okay. vielleicht könnten wir doch ein paar von diesen verfolgten da aufnehmen. vielleicht sind gar nicht alle verbrecher. der hier zum beispiel ist ein künstler, der auch schon hier ausgestellt hat. ah ja stimmt, ich erinnere mich, sehr berührend in der expressiven tiefe seiner werke. hey! hallo! du kannst kommen! wenn du magst. mag er nicht? ich glaub schon. aber ich bin nicht sicher, ob der andere leviathan ihn rauslässt. man siehts nicht richtig. ich – hallo? können sich bitte alle jetzt wieder auf das wesentliche konzentrieren? ja? danke! man sieht ja, worauf es ankommt. wir brauchen einen kriterienkatalog, wo man nachschauen kann, wer bleiben darf und wer gehen muss, um seinen eigenen leviathan aufzubauen. ich schreib mal schnell einen. so, fertig. leviathan?

LEVIATHAN prächtig sind meine silberhaare? ja?

BÜRGER hast du auch das gefühl, dass der in letzter zeit ein bisschen komisch – shht. also, nach diesem katalog gehst du jetzt die flüchtlinge durch und schaust, wer bleiben darf. die anderen schiebst du einfach wieder raus, okay?

LEVIATHAN gut. meine augen sind die wimpern der morgenröte. du musst gehen. du musst gehen. du darfst bleiben. du musst gehen. du darfst bleiben bis zu deinem achtzehnten sommer. du musst gehen. du musst gehen. du darfst bleiben, aber deine freundin muss gehen. du darfst bleiben, deine el-

31

tern müssen gehen. du musst gehen. du musst gehen. mein
atem ist hart wie stein. der akademikervater und die ältere
tochter im studium dürfen bleiben, die mutter und der
sohn müssen gehen. du musst gehen.

BÜRGER gut. jetzt müssten es wieder weniger werden. puh. ist
schon ganz schön eng geworden hier. ja, das kannst du laut
sagen. puh! manche müssen wir vermutlich schon aufnehmen. das gehört sich so. verfolgte muss man aufnehmen. darum kümmert sich ja leviathan jetzt. sehr gut. aber es kommen trotzdem noch total viele hier rein, von überall, vor
allem von dort drüben, wo es so dunkel ist. diese dunkelheit
macht mir auch angst. brr. da frierts mich direkt, diese dunkelheit! tief aus dem dunkel. äh dschungel. brr. da kommen
alle rein. schneller, als wir sie sortieren können. eigentlich
wäre es richtig gut, wenn da nicht so viele reinkämen.
wenn das insgesamt weniger wären. die dann sortiert werden müssen. kann man da nichts machen? jemand müsste
halt schauen, dass da nicht mehr so viele rüberkommen.

LEVIATHAN ich lache über die türen meines rachens. ich kann
das nicht leisten, ich habe hier genug mit prüfung und selek-
tion zu tun.

BÜRGER aber leviathan! irgendjemand muss den menschen sagen, dass sie nicht kommen dürfen. dass es keinen sinn
macht zu kommen. dass sie gar nicht aufbrechen müssen.
jemand, der verhindert, dass sie überhaupt versuchen, rüber-
zukommen. die reise ist auch gefährlich. wer sagt ihnen das,
wenn nicht du, leviathan?

PETER hier, ich machs.

love 8

JASMIN hey ekzem.

CASPER hey antifa!

JASMIN na. türkischer supermarkt, darfst du das?

CASPER eigentlich meeegaverboten.

JASMIN dachte ich mir. kaufstn?

CASPER nur schnell n ayran. du?

JASMIN ekmek, will gleich noch was kochen.

CASPER dachte schon, du sagst wieder ekzem.

JASMIN ekmek. brot.

CASPER casper.

JASMIN jasmin.

CASPER cool.

JASMIN du bist ja gar nicht mehr in vollcouleur.

CASPER ich bin da eigentlich auch gar nicht mehr dabei. ist nicht das richtige für mich.

JASMIN die falschen farben?

CASPER genau, daran liegts.

JASMIN dachte ich mir.

CASPER und die längssstreifen haben mich zu schlank gemacht.

JASMIN ja na klar.

kurze pause.

JASMIN hey wenn du jetzt neu in der stadt bist und so und ich deine farbentragenden freunde vergrault habe und du quasi niemanden kennst und so und die stadt nicht und alles whatnot magst du dann ich meine was hältst du dann davon wenn ich dir mal ein paar ecken zeige also wenn du möchtest und du gerade einen moment zwischen bier trinken und deutschland lieben einschieben kannst.

CASPER hey das würde ich total gern. und deutschland lieben ist auch gar nicht full time. bier trinken schon, aber vielleicht krieg ich dich irgendwo dazwischen unter.

JASMIN cool.

CASPER cool.

JASMIN also gibst du mir vielleicht –

CASPER also soll ich dir vielleicht –

lächeln.

JASMIN deine nummer, bursche.

CASPER jawoll. *er schreibt auf einen zettel.*

CASPER also dann –

JASMIN ich ruf dich an.

familie 4

mutti und vati sitzen am esstisch. freundliche stimmung. musikvorschlag: makss damage – »ich bin ein rassist« bzw. »gemeinsam stark«.

VATI das sieht wieder ausgezeichnet aus.

MUTTI ja.

peter betritt den raum, er trägt die schwarze kleidung der autonomen nationalisten. mit einem stencil sprüht er nazi-graffiti, VOLKSGEMEINSCHAFT oder FREI SOZIAL UND NATIONAL.

VATI *mühsam beherrscht* und wie das riecht!

MUTTI oh gott …

VATI und wie das riecht!

MUTTI was ist das schon wieder, ich halte das nicht –

VATI *sehr bestimmt* und. wie. das. riecht!!

MUTTI ich – ich weiß eben, was meinen männern schmeckt.

VATI und wie! oder, junge?

PETER wir verstehen den »autonomen nationalismus« als eine längst notwendig gewordene neue strategie: die straffen organisationsformen der »alten rechten« in parteien, kameradschaften und vereinen boten dem repressionsapparat des sys-

tems und dem organisierten politischen gegner eine vielzahl an sicherheitslücken und verhinderten eine progressive
entwicklung des widerstands durch die ständige wiederbe-
nutzung ausgetretener wege. dem autonomen nationalismus
hingegen liegt die idee von unabhängigen und frei agierenden aktivistinnen und aktivisten zugrunde. feste strukturen
werden durch ein dichtes netzwerk überflüssig gemacht, das
arbeitsteilig nach den verschiedenen fähigkeiten der einzelnen zusammenarbeitet. das ziel ist, die idee der nationalen
und der sozialen revolution unter die menschen zu tragen,
auf bestehende missstände aufmerksam zu machen und aktiv
gegen diese vorzugehen. selbstbestimmter widerstand!
hinzu kommt das aufgreifen bisher oft vernachlässigter the-
menfelder wie tier- und umweltschutz, gesundheitspolitik,
konsumkritik oder auch antisexismus. sowie die bildung
»schwarzer blöcke« als wohl auffälligste aktionsform, um
der repression und polizeiwillkür auf demonstrationen effek-
tiv entgegenwirken zu können. das bedeutet in der praxis
beispielsweise, die durchsetzungsfähigkeit unserer rechte zu
stärken, verhaftungen zu verhindern oder schikanen und ge-
waltanwendung entschlossen entgegenzutreten.
»nationalismus« bedeutet für uns, die verschiedenartigkeit
der völker erkannt zu haben und die kulturenvielfalt dieser
erde wertzuschätzen und erhalten zu wollen. die auflösung
von grenzen und eine im zuge der globalisierung zunehmen-
de »verschiebbarkeit« von waren, dienstleistungen und auch
menschen, die zur »multikulturellen« gesellschaft führten,
dient der wirtschaft, die so immer und überall über billige
arbeitskräfte verfügen kann, aber nicht den menschen. dass
»multikultur« keine kulturelle bereicherung ist, wie die eta-
blierte politik gerne behauptet, können grade wir jugend-
lichen jeden tag auf den straßen unserer städte erleben: sowohl wir deutschen als auch die hier lebenden ausländer

befinden sich in einer identitätskrise, unsere »kultur« besteht nur noch aus »westlicher« konsumattitüde und egoismus, soziale werte und menschenwürde aber verlieren ihre bedeutung. wir wollen keine konsumgesellschaft, sondern eine volksgemeinschaft (volksgemeinschaft und sozialismus ist dabei kein widerspruch), weshalb wir sowohl den kapitalismus als auch die gescheiterte »multikulturelle« gesellschaft ablehnen!

die verschiedenartigkeit der völker bedeutet aber nicht deren verschiedenwertigkeit, denn: dem nationalismus liegt die idee souveräner völker zugrunde, die selbst über ihre zukunft bestimmen können; und das gilt für deutschland wie auch für alle anderen nationen. daher distanzieren wir uns deutlich von chauvinistischen und sozialdarwinistischen ideen, die nicht mit unserem verständnis von nationalem sozialismus vereinbar sind. nationalismus bedeutet für uns somit auch immer antiimperialismus und solidarität mit allen völkern, die – sei es auf wirtschaftlicher oder militärischer ebene – an ihrem selbstbestimmungsrecht gehindert werden.

für uns bedeutet »sozialismus« sehr vereinfacht gesagt eine angleichung der lebensverhältnisse im sinne der sozialen gerechtigkeit und eine notwendigkeit zum erhalt der völker- und kulturenvielfalt dieser erde. wir unterscheiden nicht zwischen einem »raffenden« und einem »schaffenden« kapitalismus, da wir erkannt haben, dass es der untrennbar mit ihm verbundene wachstumszwang ist, der auf dem weg zur profitmaximierung skrupellos so viel vernichtet, was uns am herzen liegt. seine mittelbaren und unmittelbaren folgen sind die auflösung von grenzen und völkern, das degradieren von menschen zu lohnsklaven der kapitalistischen verwertungslogik, massenarbeitslosigkeit, armut, umweltzerstörung und krieg – und in so einer welt wollen wir nicht leben. unsere antithese gegen den kapitalismus und die globalisierung heißt nationaler sozialismus. der weg in eine andere, menschlichere und gerechtere welt ist der von »unten« geführte kampf gegen eine kaste von reichen und mächtigen, die unserer erde eine neue feudalherrschaft aufzwingen. in diesem sinne solidarisieren wir uns mit befreiungsnationalistischen bestrebungen weltweit, beispielsweise in lateinamerika, palästina oder nordirland. wirtschaftlich fordern wir die verstaatlichung von monopolen sowie ein zusammenwirken von selbstverwaltung der beschäftigten mit staatlichen stellen für die großen und mittelgroßen betriebe, was eine post-kommunistische ausbeuterwirtschaft (wie z. b. in china) verhindern soll. unsere forderung nach einer sozialistischen wirtschaftsordnung unterscheidet sich dahingehend von der des marxismus, dass wir nicht an den erfolg eines restlos staatlich regulierten marktes glauben, zumal diese systeme historisch gescheitert sind.

VATI ihm schmeckts, offenbar!

niemand lacht. peter steht auf und geht.

IV. AKT

love 9

freizeichen.
CASPER ja, hallo?
BERTRAM hey.
CASPER hey, unterdrückte nummer. lustig.
BERTRAM lustig.
CASPER ich wollte dich schon lang mal anrufen.
BERTRAM ist dir wohl was dazwischengekommen.
CASPER ja.
BERTRAM casper, folgendes. wir sind ziemlich enttäuscht. ich
bin enttäuscht.
CASPER ja, ich –
BERTRAM lass mich ausreden. weißt du, wir funktionieren nach
dem lebensbundprinzip. weißt du, was das heißt? das heißt,
die alten herren finanzieren unseren laden. und das heißt,
die aktiven kommilitonen tauchen regelmäßig bei kneipen
und veranstaltungen auf. es gibt eine anwesenheitspflicht,
casper.
CASPER ja, ich –
BERTRAM lass mich ausreden. du warst schon länger nicht
mehr da. ich weiß, dass du nicht krank bist, weil du regelmäßig in deinen seminaren auftauchst.
CASPER es tut mir leid, ich –
BERTRAM *schreit* lass mich ausreden!! weißt du, wie beschissen
das für mich ist? ich bin dein biervater! ich bin verantwortlich für dich! und du blockst meine anrufe ab, bist nie zuhause, fehlst permanent unentschuldigt.
CASPER ja.
BERTRAM das ist ein schlag ins gesicht, casper. ein schlag ins
gesicht. und weißt du, was passiert, wenn jemandem von uns
ins gesicht geschlagen wird?

CASPER hör mal, ich –

BERTRAM paukboden, fünfzehn minuten. sei da, oder dein vater ist endgültig blamiert. und deine akademische karriere erledigt.

philosophie 5

BÜRGER ich mach jetzt selber was gegen die. ich kann das nicht mehr mit ansehn, wie unser schönes land zugrunde gerichtet wird von einem leviathan, der sich überhaupt nicht mehr für seine bürger interessiert. ich muss die rettung unseres apfelbaumes selber in die hand nehmen. das kümmert sonst keinen. machst du mit? nein. du? okay. gut. dann sind wir schon zwei. hier, drei. sehr gut. es gibt immer wieder welche wie uns.

LEVIATHAN grüße. meine kinnbacken sind sümpfe. macht ihr probleme?

BÜRGER nein, ach was. wir doch nicht. wir sind gesetzestreu. und nett. ein bisschen wütend. aber nur patrioten. das wird ja wohl noch erlaubt sein. ja. so weit kommts noch. dass man im eigenen land nicht mehr wütend sein darf.

LEVIATHAN gut. ich wollte nur sichergehen. ich achte eisen für einen wurfspieß. ich behalte euch im auge.

BÜRGER der behält uns im auge. vorsicht. im auge des leviathan. der sieht aber doch gar nicht so gut. auf diesem auge. psst. verrats ihm bloß nicht. er ist doch so eitel. würde nie eine brille tragen. der leviathan. auf dem anderen auge sieht er ja ausgezeichnet.

LEVIATHAN halt! stehen bleiben. aus meinem wanst schießen mühlsteine. eine marihuana-zigarette??! der gerechte zorn des leviathan wird über dich hereinbrechen!

BÜRGER er guckt nicht her. er guckt einfach nicht her. das wird

sich schon noch ändern. wenn es zu spät ist. erst dann. haha,
ja. hier ein puppentorso auf der autobahn, da eine bombe
vorm theater. die werden schon noch merken, wer wir sind.
aber nicht, wo wir sind. wir sind überall. im schatten. im un-
tergrund. im reihenhaus!

etwas später.

LEVIATHAN verzeiht, brave bürger. das tut mir leid. ich war
abgelenkt. hinter mir leuchtet der pfad. ich weiß nicht, wie
das passieren konnte. das hätte mir auffallen müssen. wer
kann vor mir bestehen?

BÜRGER das darf nicht mehr passieren. mit dem leviathan. wie
konnte das passieren. wir müssen unseren leviathan umbau-
en, damit das nicht mehr passiert in zukunft. unbedingt re-
formieren. aber damit konnte ja auch keiner rechnen, völlig
überraschend. so ganz aus dem blauen heraus.

rückblende.

LEVIATHAN *in schwarz-weiß mit oberlippenbärtchen, sich aufrich-
tend* so. genug gezahlt. ich bin wie der sturm. jetzt bleiben
die äpfel hier.

BÜRGER großartig, endlich ist unser leviathan wieder etwas
wert, endlich müssen wir uns nicht mehr schämen! und endlich behalten wir unsere äpfel! ja! toll! der krieg ist ja auch
schon so lang her, man muss doch mal vergessen können. genau. in den äpfeln sind aber würmer. schädlinge. mensch-
liche würmer. die uns das nicht gönnen. unter uns. die finden wir noch.

LEVIATHAN *zu anderen leviathanen* so. ich will jetzt auch deine
äpfel. wir brauchen den apfelraum. prächtig sind meine starken autobahnen. sehr gut. deine äpfel brauchen wir auch. gib
sie auf. ausgezeichnet. was, du weigerst dich? schau, dann
nehme ich sie mir einfach. was willst du tun. die wehrmacht
wohnt in meinem nacken und die luftwaffe zieht vor mir her.
wollt ihr aufbegehren? sehr gut.

BÜRGER endlich wieder krieg! und die schädlinge im inland haben wir identifiziert. die müssen jetzt gehen. und die anderen! die verbrecher im ausland. aber mir tut der krieg schon auch weh. ich weiß gar nicht, ob das so eine gute idee war. was? natürlich war das eine gute idee, erzähl nicht so einen unsinn, du volksfeind! gut, mir tut der krieg auch weh, aber besser als frieden ist er allemal. und es gibt gratis kunst und einrichtungsgegenstände.

LEVIATHAN *zu den menschen* und du gehst ins gas und du gehst ins gas ich mache das meer zu einem salbentopf und du gehst ins gas und du gehst ins gas und du gehst ins gas.

BÜRGER jetzt muss ich aber schon sagen, dass mir das ein wenig zu weit geht. also, das ist eigentlich auch nicht mehr der leviathan, den ich mir gewünscht habe. auch nicht mehr der leviathan, der uns versprochen wurde. eigentlich müsste man fast sagen, dass das ein verbrecherischer leviathan ist. kein guter leviathan.

LEVIATHAN treue bürger. wir stehen zusammen bis in den tod. auf erden ist nicht meinesgleichen; ich bin gemacht, ohne furcht zu sein. wenn wir untergehen, tun wir es gemeinsam. verteidigt mich, meine idee! und du gehst ins gas, und du gehst ins gas.

BÜRGER oh gott, leviathan. so viele tote. so viel zerstörung. was hast du getan. leviathan, oh gott, oh gott –

ANDERER LEVIATHAN seychas you are déjà libre, druz'ya. look. regarde. smotri.

BÜRGER so viele tote. das darf nie wieder passieren. wir dürfen das nie vergessen. nie. nie wieder.

ende rückblende.

BÜRGER also wie gesagt, so völlig überraschend! wer hätte damit rechnen können.

LEVIATHAN ups.

JASMIN wie du magst.

PÜPPI wir können da ja noch einen disclaimer machen. ich bin nur echt froh, dass du casper aufgerissen hast.

JASMIN ich hab den überhaupt nicht aufgerissen.

PÜPPI oder er dich, eben.

JASMIN hallo, es ist überhaupt niemand aufgerissen worden. was ist das überhaupt für eine sprache.

PÜPPI kennengelernt, wie auch immer. jedenfalls freut es mich, dass er den bürgerlichen vater spielen kann.

JASMIN ich freue mich auch, dass ich ihn kennengelernt habe.

bertram kommt rein, blutend, lachend, betrunken.

BERTRAM cheerio.

PÜPPI wie siehst du denn aus?

BERTRAM sollteste erstmal den andren sehen. abfuhr! aber nichts, was ein guter arzt nicht wieder hinkriegt.

JASMIN alter, ist das widerlich.

BERTRAM habt euch mal nicht so, ihr muschimäuse. das bisschen blut –

PÜPPI du checkst es nicht, oder?

JASMIN nicht das blut ist widerlich, sondern dein aufgeblasenes gewaltgehabe, du deutschnationaler pseudosilberrücken. püppi, ruf mich an, wenn du weitermachen magst.

BERTRAM spiel dich mal nicht so auf. oder wie, glaubst du, sieht dein casper jetzt aus?

PÜPPI bertram!!

JASMIN ihr seid beide so scheiße.

jasmin ab. püppi schlägt bertram.

familie 5

vati und mutti sitzen am esstisch. die stimmung ist etwas angespannt,
wie mag peter aussehen?
VATI das sieht wieder ausgezeichnet aus.
MUTTI ...
peter kommt dazu, in der funktionsjacke der wutbürger. er hat
ein kleines schild dabei, auf dem steht: »*wir sind das volk*«.
VATI *erleichtert* und wie das riecht!
MUTTI männernschmeckt.
VATI und wie! oder, junge?
PETER gemeinsam für deutschland!

unsere versteht sich als politische bewegung, welche ideolo-
giefrei die aktuellen politischen und gesellschaftlichen probleme unserer zeit aufgreift und gemeinsam mit der bevölkerung lösungen finden und umsetzen will.

durch unsere wirtschaftspolitik verarmen der mittelstand
und die arbeiterklasse zunehmend.

löhne und renten stehen in einem immer schlechteren ver-
hältnis zu den lebenshaltungskosten.

statt mittel für dringend benötigte projekte zur verfügung
zu stellen, werden horrende summen verschwendet.

die steigende kriminalität, soziale brennpunkte sowie stetig
wachsende parallelgesellschaften beunruhigen die menschen.

das sicherheitsrisiko steigt ständig und die globalen kon-
flikte verschärfen sich aufgrund unverantwortlicher innen-
und außenpolitik.

eine friedliche zusammenarbeit und koexistenz aller souve-
ränen nationen weltweit ist die grundlage einer sicheren zukunft für uns alle.

deshalb sehen wir folgende punkte als unerlässlich an:
schutz, erhalt und respektvoller umgang mit unserer kultur
und sprache. stopp dem politischen oder religiösen fanatis-

mus, radikalismus, der islamisierung, der genderisierung und der frühsexualisierung. erhalt der sexuellen selbstbestimmung.

schaffung und strikte umsetzung eines zuwanderungsgesetzes nach demographischen, wirtschaftlichen und kulturellen gesichtspunkten. qualitative zuwanderung (anstatt momentan gängiger quantitativer masseneinwanderung) nach schweizerischem oder kanadischem vorbild.

dezentrale unterbringung von kriegsflüchtlingen und politisch oder religiös verfolgten, entsprechend den kommunalen möglichkeiten und der sozialprognose des asylbewerbers. verkürzung der bearbeitungszeiten von asylanträgen nach holländischem vorbild und sofortige abschiebung von abgelehnten asylbewerbern. aufnahme eines rechtes auf und der pflicht zur integration ins grundgesetz.

reformation der familienpolitik sowie des bildungs-, renten- und steuersystems. besonders die förderung einer nachhaltigen familienpolitik muss priorität erhalten, um einen stopp oder sogar die umkehr des demographischen wandels zu erreichen. der kinderwunsch darf nicht aufgrund von wirtschaftlichen ängsten unterdrückt werden.

einführung von volksentscheiden auf bundesebene nach vorbild der schweiz, um parallel zum parteiensystem ein zweites standbein der demokratie zu installieren.

konsequente rechtsanwendung, ohne rücksicht auf politische, ethnische, kulturelle oder religiöse aspekte des betroffenen.

aufstockung der mittel der polizei und beendigung des stellenabbaus.

sofortige normalisierung des verhältnisses zur russischen föderation und beendigung jeglicher kriegstreiberei.

anstreben eines friedlichen, europäischen verbundes starker souveräner nationalstaaten in freier politischer und wirtschaftlicher selbstbestimmung.

ablehnung von ttip, ceta und tisa und ähnlichen freihandels-
abkommen, welche die europäische selbstbestimmung und
die europäische wirtschaft nachhaltig schädigen könnten.
VATI ihm schmeckts, offenbar!
alle lachen. der inbegriff einer glücklichen familie. dann schmeißt
mutti beiläufig ein glas runter. vati und peter wenden sich ihr zu.
MUTTI ich bin stolz auf dich, mein junge. dein vater auch, er
kann das etwas besser zeigen als ich, aber ich bin auch sehr
stolz. sehr stolz. du brichst nämlich auf. *sie beginnt, anfallartig*
zu essen, spricht weiter. nicht in die weite welt, nein, so weit
geht deine neugierde, deine suche nicht. aber du brichst
uns auf. die kernfamilie. diesen deutschen mittagstisch. wir
sind die keimzelle der bewegung.
sie beginnt sich zu übergeben, isst aber weiter. nimmt auch die teller
der anderen. leert im kommenden verlauf alle schüsseln und teller,
isst, bricht und spricht, die ganze zeit, ohne unterlass. vielleicht
muss man sie übertiteln.
und zwar jeder bewegung. wir sind diejenigen, die strukturen in dir anlegen, durch unsere sozialisation schaffen wir
die voraussetzungen für dein denken. wir sind es, die deinen
verstand formen. in jedem fall. es gibt in der regel zwei möglichkeiten. entweder du übernimmst unsere werte, badest in
der sicherheit der vorgelebten und als wahr empfundenen
strukturen, nimmst die wirklichkeiten, die wir kommunizie-
ren, in dich auf und denkst sie durch deine etwas höhere in-
telligenz weiter. ja, du bist statistisch ein bisschen intelligen-
ter als deine alten eltern, aber bilde dir nichts drauf ein, das
ist einfach die weiterentwicklung unserer spezies und bedeutet gar nichts. die zweite möglichkeit, wie unsere prägung
und erziehung in dir weiterarbeiten kann, ist: du entwickelst
durch charakterliche prädisposition, gegebenenfalls unterstützt durch freunde – du hast doch freunde? gut. –, eine ju-
gendliche rebellion gegen die werte, die wir dir mitgeben,

die wir dir vorleben, dann kannst du ex negativo versuchen, eine eigene einstellung zu finden, verlierst aber, achtung, jede sicherheit, jede stabilität, jedes urvertrauen, das wir dir möglicherweise bieten konnten. eins von beiden wirst du machen, das ist dein weg. leider weiß ich nicht genau, was wir dir vorgelebt haben, dein dich liebender vater und ich. du sahst uns ja immer nur kurz. und wir, wir sehen dich in ausschnitten, du tauchst sporadisch auf und rezitierst propaganda. das ist natürlich dein gutes recht, schließlich muss sie verbreitet werden, darum heißt sie ja so. aber wir können noch nicht sagen, was weiter mit dir passieren wird, ob das jetzt nur eine phase ist oder ob du so bleibst. aber weißt du, stolz bin ich auf dich, weil du ausbrichst. weil du eben nicht die passivität weiterlebst, die du von uns mitbekommen hast. wir sind nicht aktiv, wir blenden die welt, soweit wir nur können, aus, wir haben mitleid mit flüchtlingen, aber sind der ansicht, dass wir nicht das sozialamt der welt sein können. auch wenn wir ehrlich gesagt nicht mal genau wissen, wieso nicht. aber irgendwie ist es uns auch nicht wichtig genug, um jetzt da aktiv zu werden. *sie nimmt das messer auf.*

du hingegen, du wunderbares, wunderbares kind, du hast ein problembewusstsein. ein sendungsbewusstsein. du verstehst, dass etwas falschläuft, und du hast das gefühl, dass was getan werden muss. du brichst auf. uns. du transzendierst die blase aus passivität und wirst tätig, aktiv, wirst aktivist. momentan suchst du noch. aber wenn du fündig wirst, dann wird sich keiner in deinen weg stellen. dann wirst du deine überzeugung vertreten, mit aller konsequenz. deine zeit wird kommen, mein junge. die zukunft gehört dir.

lächelnd öffnet sich die mutter beide schlagadern im hals.

love 11

casper, zuhause. er trägt einen kruden verband im gesicht. es klingelt.
klopft. sturm.

JASMIN mach auf! MENSCH MACH AUF!

CASPER schatz, was ist –

JASMIN nimm die hand aus dem gesicht.

CASPER jasmin, ich –

JASMIN DIE HAND AUS DEM GESICHT!

zögerlich tut er es. sie sieht den verband.

JASMIN du bist so scheiße.

CASPER schatz, warte –

sie will ab, er hält sie am arm fest.

JASMIN lass mich los LASS MICH LOS VERDAMMT DU
VERDAMMTES BURSCHENSCHAFTERARSCHLOCH
STECHT EUCH DOCH EINFACH GEGENSEITIG AB
BEI EUREM SCHWANZVERGLEICH IHR VERDAMM-
TEN WICHSER

CASPER jasmin, ich – jasmin.

JASMIN AM ARSCH DU HALT DIE FRESSE UND RUF
MICH NIE WIEDER AN! verstehst du? nie wieder.

jasmin ab.

V. AKT

philosophie 6

JOHANNA man steht da. fassungslos. vor den gräbern. den toten. denen, die aussehen wie tote. denen, die nach zwanzig minuten unter krämpfen gestorben sind, weil sie die einzelnen teile der united states military field ration, die gekochte kartoffelsuppe der b-ration, die vakuumkonservierte kartoffelsuppe der c-ration und sogar die notfall-schokoriegel der d-ration, die wie kartoffelsuppe schmecken, aber den energiegehalt von scheißlasagne haben, wie wahnsinnig, panisch aufgefressen haben, alufolie und alles – vor denen steht man dann. fassungslos. und verliert den glauben an die menschheit. und man weiß, dass es das böse gibt. das böse liegt da vor einem, es trägt eine schwarze uniform, zwei sig-runen und einen totenkopf am kragenspiegel, und die wandelnden leichen hier haben dem bösen gerade mit ihren verfaulten zähnen die kehle aufgerissen. vor drei monaten war man noch zuhause in alabama auf der farm und hat mit peggy sue rumgeknutscht, und jetzt steht man vor dem bösen. unvorbereitet.
man konnte auch das böse fangen. verschiedentlich. um es zu verurteilen. und zu untersuchen, zu verstehen. dann reist man da hin, in die stadt, die die heilige genannt wird, und schaut es sich an. das böse.
wie versteht man das.
man hat keine vorstellung im vorfeld, aber man hat doch das gefühl, dass es sowas geben müsste wie das böse. also die eigenschaft – eine negativität. eine negation des guten. lust an schlechten taten. das wäre der gedanke. die überzeugung: es gibt böse menschen. ganz einfach. man kann sich das vorstellen wie – dämonen. menschen, die von dämonen besessen

sind. nicht die riesigen, pompösen, bunten dämonen; sondern die alten dämonen, unauffällige wesen voller bosheit und niedertracht.

ASASEL guten tag. WIR SIND DIE NEPHILIM, RIESEN AUS ALTER ZEIT, SPROSS DER BENEI HA'ELOHIM.

JOHANNA damit sind wesen gemeint, die ihren daseinszweck darin verstehen, möglichst viel schaden anzurichten. also – möglichst effizient möglichst vielen menschen zu schaden.

ASASEL jawohl. ICH BIN ASASEL, AUS WÜSTE GEBOREN, HAUPTMANN DER EGREGOROI, BANNERTRÄGER DER ARMEE DER WÄCHTER.

JOHANNA das radikal böse, begründet in unserer natur. wir folgen unserer natur, wir ignorieren unseren verstand, regeln und konventionen; das führt zum radikal bösen.

ASASEL da war eine grube gewesen, die war aber schon zu. da quoll, wie ein geiser … ein blutstrahl heraus. auch so etwas habe ich noch nie gesehen. mir reichte der auftrag, ich bin nach berlin gefahren und habe dem gruppenführer müller das berichtet. ICH HABE DEN MENSCHEN DEN STAHL GEBRACHT UND MIT IHM DIE WAFFEN.

JOHANNA der mensch kann dabei allerdings nicht das böse um seiner selbst willen wollen. niemand kann das radikal böse wollen, da ›wollen‹ die verstandestätigkeit voraussetzt. es ist uns einfach eingeschrieben.

ASASEL eine sache immerhin habe ich im leben gelernt: niemals einen eid zu schwören. ICH BRACHTE FÄRBEMITTEL UND SCHMINKE; ICH LEHRTE DIE MENSCHEN DAS LÜGEN.

JOHANNA das radikal böse aber ist das, was bei uns sprachloses entsetzen hervorruft. wenn das einzige, was wir noch sagen können, ist: das hätte nie geschehen dürfen.

ASASEL es ist nicht einmal schwer; es ist eigentlich – wie alles in der natur – einfach. die widerspiegelung des makrokosmos im mikrokosmos und umgekehrt. ICH HABE DIE MENSCHHEIT VERDORBEN. ICH HABE DIE GE-HEIMNISSE DES HIMMELS VERRATEN.

JOHANNA und das radikalste begangene böse ist dasjenige, was von niemandem begangen wurde. also von menschen, die sich weigern, personen, handelnde subjekte zu sein.

ASASEL ich sah hölle, tod und teufel, weil ich dem wahnsinn der vernichtung zusehen musste; denn ich war als eines der vielen pferde in den sielen mit eingespannt und konnte, gemäß dem wollen und den befehlen der kutscher, weder nach links noch nach rechts ausbrechen.

JOHANNA aber das schlimmste an diesem bösen ist: es existiert nicht. es ist eine wunschvorstellung. ein traum. eine täuschung. im endeffekt eine gute-nacht-geschichte.

ASASEL da sage ich mir. ja, ich habe alles getan, was ich konnte. ich bin ein äh werkzeug stärkerer kräfte gewesen. ich möchte es vulgär sagen: ich muss meine hände für mich, für mein inneres, in unschuld waschen. so möchte ich das verstehen, das dreht sich bei mir nicht so sehr um den äußeren paragrafen, sondern um meine selbstbetrachtungen.

JOHANNA tatsächlich funktioniert das böse völlig anders. es fügt sich den subjektiv erlebten naturgesetzen, es nimmt seinen platz ein.

ASASEL er mag 100% unrecht gehabt haben, aber eines steht fest: der mann war fähig, sich vom gefreiten der deutschen armee zum führer eines volkes von 80 millionen emporzuarbeiten. sein erfolg allein beweist mir, dass ich mich ihm unterzuordnen habe.

JOHANNA es handelt böse, ohne kalt zu sein.

ASASEL denn hier würde ein motor eines russischen u-bootes arbeiten und die gase dieses motors würden hier hineingeführt werden, und dann würden die juden vergiftet werden. das war für mich auch ungeheuerlich. ich bin keine so robuste natur, die, sagen wir mal, ohne irgendwelche reagenz irgendetwas über sich in dieser art ergehen lassen kann. ich weiß es auch jetzt noch, wie ich mir darunter sofort die sache bildlich darstellte und dass ich irgendwie auch unsicher in meinem gehabe wurde. als ob ich irgendeine aufregende sache hinter mir hatte, wie das eben schon mal so vorkommt, dass man nachher wie ein leises inneres zittern, oder so ähnlich möchte ich es ausdrücken, hat.

JOHANNA es sucht nach ausgleich. es bittet um frieden.

ASASEL ich würde gern mit den juden, meinen ehemaligen gegnern, frieden schließen.

JOHANNA wie nach einem schachspiel erwartet es die ausgestreckte hand des gegners. gegner. nicht feind. kontrahent. antagonist. das böse ist allgegenwärtig. überall. es existiert als option, als möglichkeit innerhalb der menschlichen zivilisation. innerhalb der gesellschaft. es ist so gewöhnlich wie dreck. wir müssen damit umgehen. als individuen und als gesellschaft.

LEVIATHAN mache in der dudael-wüste eine grube, und wirf ihn hinein. lege scharfe, spitze steine unter ihn und bedecke ihn mit finsternis. lass ihn dort für immer wohnen und bedecke sein antlitz, damit er kein licht schaue. am tag des endgerichts soll er in den feuerpfuhl geworfen werden! die ganze erde war doch durch die von asasel gelehrten werke verdorben worden.

JOHANNA und das böse auch.

ASASEL in einem kurzen weilchen, meine herren, sehen wir uns ohnehin alle wieder. das ist das los aller menschen. es lebe deutschland. es lebe argentinien. es lebe österreich. ich werde sie nicht vergessen.

sechs wochen später.

PÜPPI – die idee von unabhängig agierenden

BERTRAM unabhängig und frei agierenden –

PÜPPI von unabhängig und frei agierenden aktivisten –

BERTRAM – aktivistinnen und aktivisten –

PÜPPI und frei agierenden aktivistinnen und aktivisten zugrunde. feste strukturen werden durch ein dichtes netzwerk überflüssig gemacht. sag.

BERTRAM das arbeitsteilig nach –

PÜPPI das arbeitsteilig nach den verschiedenen fähigkeiten der einzelnen zusammenarbeitet.

JASMIN jetzt ist aber mal gut, püppi. du machst dich nur nervös. du kannst es doch.

PÜPPI ja aber der monolog.

JASMIN das schaffst du schon.

BERTRAM hab ich ihr auch gesagt.

JASMIN hör mal auf deinen bruder, der kennt sich aus.

BERTRAM eben.

casper kommt aus der maske.

CASPER und, wie seh ich aus?

PÜPPI uh la la!

JASMIN hot!

sie küsst ihn.

BERTRAM okay, noch knapp zehn minuten.

PÜPPI los, bespucken.

toi toi toi, alle mit allen.

JASMIN ich wollte nur nochmal sagen: ich freue mich sehr darauf, das mit euch allen zu machen. wirklich. ein tolles team. jungs, ich freue mich total, dass ihr dabei seid.

BERTRAM ja, das hätte niemand gedacht noch vor ein paar wochen, was?

CASPER allerdings nicht.

JASMIN ich am allerwenigsten. aber umso schöner ist es – *sie wird unterbrochen, durch schüsse und schreie.*

PÜPPI was war das?

BERTRAM ich schau mal nach. bleibt hier.

bertram will zur tür. in dem moment fliegt sie auf, ein junger, blonder mann in polizeiuniform betritt den raum, ein gewehr über der schulter und eine halbautomatische pistole in der hand. er schießt damit zuerst bertram in die brust, der sinkt auf die knie. dann feuert er auf püppi, die gerade versucht hinter einem tisch in deckung zu gehen, er trifft sie in den kopf, sie bricht bewegungslos zusammen. casper versucht, mit jasmin zum fenster zu fliehen, stolpert aber über einen stuhl, der falsche polizist trifft ihn mit zwei schüssen, ein mal in die seite und in den oberen rücken, er versucht sich nochmal aufzurichten und bleibt dann liegen. jasmin ist zum fenster gelaufen, kriegt es aber in der eile nicht auf. ihr schießt der täter seitlich in den kopf. bertram, am boden liegend, greift atemlos und verzweifelt nach dem fuß des schützen. dieser lädt nach und schießt ihm ins gesicht.

familie 6

vati und peter am tisch. niemand isst. mutti liegt noch tot daneben.

VATI damit hab ich ehrlich gesagt nicht gerechnet.

PETER ...

VATI aber das ist jetzt wohl so.

PETER vielleicht ist das auch alles gar nicht so schwer. diese ganzen gedanken, die uns belasten. die fliehenden, die im mittelmeer ertrinken auf der suche nach einem besseren leben und die hier, wenn sie es zu uns schaffen, erst mal nicht arbeiten und ihre fähigkeiten nicht einbringen dürfen. die strukturen unserer gesellschaft, die in sich rassistisch sind, seien das behörden, polizei oder wir selbst. menschen haben unterschiedliche voraussetzungen, unterschiedliche sprachen, unterschiedliche kulturen und unterschiedliches aussehen, aber sie sind alle kostbar, schützenswert. ist das immer noch nicht konsens. alle menschen sind wertvoll. zu unterscheiden ist falsch. und das ist vielleicht das angenehme an der ganzen entsetzlich komplizierten sache. dass sie eigentlich gar nicht so kompliziert ist, nach innen. also für mich selber. es gibt vielleicht nur einen sinnspruch, nach dem man leben sollte. sei kein arschloch. sei einfach kein arschloch. und wenn man sich das immer wieder sagt und seine eigenen handlungen hinterfragt, etwa: »das, was ich gerade tue, ist das die handlung eines arschlochs? wäre es denkbar, dass ich mich gerade wie ein arschloch verhalte? worin besteht das arschlochhafte meiner tat, was kann ich stattdessen tun, um nicht stillschweigend oder aktiv weiterhin arschloch zu sein?« – ich glaube wirklich, wenn man das auf globaler ebene und mit der nötigen persistenz, mit der nötigen gründlichkeit hinterfragt, dass das die lösung sein könnte.

VATI quatsch, das liegt doch alles an diesen chemtrails. diese chemikalien, die flächendeckend gesprüht werden, das muss ja die menschen verrückt machen. und depressiv. bleibt die frage, warum unsere so genannte regierung in der BRiD lieber den tod des eigenen volkes in kauf nimmt, als die rothschildts und USAISRAEL zu verärgern.

peter steht auf und geht. vati bleibt allein zurück.

VATI tjaja. *er ist etwas hilflos.*

SWEET DREAMS ..

EUROPA VERTEIDIGEN

figuren

?????
ältester
aphrodite
asia
bernhard frerking
eduard wintermayer
erik
erzähler
europa
eyolf
funk
gerhard resinger
heinrich
heinrich schnee
heinrich severloh
hera
herbert jahnkuhn
jupiter
lautsprecher
legionär 1
legionär 2
legionär 3
lothar von trotha
ludwig von estorff
scipio
styr
theodor leutwein
þorbjörn
verena föda
walther
zeus

doppelbesetzungen sind sicher praktikabel. weniger als fünf leute würde ich aber nicht besetzen.

die vorliegende reihenfolge der szenen ist die der spielfassung des eth hoffmann theaters bamberg und lediglich ein vorschlag.

da das thema noch einige jahre recht aktuell sein wird und sich die akuten ausformungen schwer vorhersagen lassen (brexit, grexit etc.), bin ich gern bereit, den text vor jeder inszenierung zu aktualisieren.

europa verteidigen

JONATHAN jonathan sagt, ihn widert europa an. die EU nervt ihn, die sich mit ihr identifizierenden europäer nerven ihn. sie würden sich nicht positionieren, sie würden nicht ihre meinung sagen, um ja niemanden anzugreifen oder vor den kopf zu stoßen. so seien die meisten deutschen. natürlich nicht die wut- bzw protestbürger, mit denen habe er nun wirklich nichts zu tun. die deutschen hätten ihre politisch korrekte grundhaltung derartig tief in sich eingesogen, dass sie kaum noch in der lage seien, ihre eigene meinung und ihre haltung verschiedenen sachverhalten gegenüber erkennen zu lassen. sie hätten sich in den regeln des denkens und sprechens verlaufen, gefangen in der angst, beispielsweise für nazis gehalten zu werden. meint jonathan. da ist vielleicht etwas dran. vielleicht sind wir vorsichtiger, vielleicht sind wir misstrauischer und kritischer, was unsere eigene sprache und unser eigenes denken angeht. vielleicht ist uns deswegen etwa rassismus so zuwider. vielleicht denken wir den trotzdem, diesen rassismus, aber wollen nicht für rassisten gehalten werden, wir sind doch keine rassisten, oma vielleicht, die war sogar noch antisemitin, aber das war halt die zeit damals, herrgott, die hat das so gelernt. nein oma, heute sagt man nicht mehr »heil hitler«. ist aber irgendwie ganz putzig, dass das zurückgekommen ist bei dir, in der demenz, und wenn wir deinen geburtstag feiern im altenheim, dann ist das zwar auch vor allem peinlich vor den pflegern und so, aber eben auch ein bisschen witzig, und der clip, das video davon, das der enkel auf facebook gepostet hat, hat auch schon über zehntausend likes. irre. wir deutschen also. wir sind eben gezeichnet von der geschichte, wir deutschen. wir sind die größte volkswirtschaft in europa. unsere kanzlerin die wichtigste regierungschefin. in vieler hinsicht sind wir europa. zumindest mehr als die polen, die sich abschotten, die ihre verpflichtungen nicht erfüllen, gegen muslime hetzen und gegen flüchtlinge, und vor allem gegen europa, und ganz nebenbei die demokratie abschaffen. stück für stück. in nächtlichen beschlüssen. so war das also damals. aber gleichzeitig nehmen sie den europäischen länderfinanzausgleich, den die EU im prinzip darstellt, dankbar an. also die fördertöpfe, die sogenannten. in die vor allem deutschland einzahlt. wir einzahlen. das geht dann wieder. aber steht ihnen das geld überhaupt zu? ich mein, wie gesagt, sie erfüllen nicht ihre verpflichtungen! die polen. und wir zahlen das. während die stück für stück die pluralistische gesellschaft und die demokratie abbauen. aber ich hab von jonathan gesprochen. jonathan ist kein nazi. also wirklich nicht. und auch ohne das gefürchtete »aber« danach. ne, dieses »aber« ist ja oft das problem. ich bin ja nicht rechts, aber. ich bin ja kein nazi, aber. ich find konzentrationslager ja auch doof, aber. flüchtlinge werden ja jetzt wieder in »zentren« zusammengefasst. find das super, leute in zentren zusammenzufassen. viel praktischer. also im umgang. und da haben wir auch eine gewisse expertise. ich mein, wenn wir deutschen eine sache können, dann leute in zentren zusammenfassen. und weltkriege. also anfangen, zumindest. jonathan ist wirklich kein nazi, ohne wenn und aber. jonathan ist jung, alternativ und ein bisschen desillusioniert. er hat das gefühl, die leute sagen nicht, was sie denken, wie gesagt. die nicht-wutbürger. die braven. und vielleicht ist auch das das hauptproblem. der rassismus war nie weg, die vorurteile, der fast blinde und taube alte affe hass, der die menschen überfällt bei der tagesschau, beim ard-brennpunkt, beim stammtisch oder beim bäcker. oder nachts auf der straße. dieser hass, überschminkt seit jahrzehnten vom firnis der weltläufigkeit. aber schon 2006 hat man sehen können, wie das ist, die welt zu gast bei freunden, diese bilder vom friedlichen, gemeinsamen feiern, als sie die friedlich gemeinsam feiernden italiener aus ihren autos gezogen und vermöbelt haben. hat man gar nicht so viel gehört in den medien, nicht? damals? stichwort lügenpresse. aber da machen wir jetzt mal gedanklich einen pin rein, das behandeln wir später.

hannibal

SCIPIO mächtige lenker roms! ich danke euch für die möglichkeit, hier heute sprechen zu können, und bitte die herren senatoren darum, mich nicht als den jungen sohn des einflussreichen, mächtigen konsuls wahrzunehmen, sondern als erfahrenen soldaten und general des imperiums. nunmehr 15 jahre kämpfe ich auf den schlachtfeldern europas gegen die bedrohung, die seit dem konsulat meines vaters wie ein dunkler schatten auf dem frieden roms liegt und die immer gnadenloser nach dem herzen europas griff, dem licht der freien menschheit, unserer herrlichen stadt. diese gefahr ist gebannt, senatoren! durch die überlegenheit der römischen armee. und, bei jupiter, es war nicht immer leicht. führt euch dieses bild vor augen: ihr lauft seit tagen, mit marschgepäck, körperpanzer, helm, schild, schwert, speer und schanzhölzern durch die sonne norditaliens, ihr seid erschöpft. ich kann euch sagen, der krieg, der kampf wirkt wie eine entfernte erinnerung. ihr wisst, es geht gegen einen feind, aber der ist weit weg und ihr seid praktisch zuhause, hier; ihr habt verstecken gespielt auf den weinbergen von venetia und den eltern geholfen auf den äckern von histria, seid in den kalten seen von flaminia geschwommen und im warmen meer von picenum annonarium. dies ist das land eurer väter, ihr kennt seine warmen farben, seinen sommerlichen geruch. heimat, vertraute, geliebte heimat. und dann, senatoren, überschreitet ihr den kamm eines hügels, den ihr dutzendfach überschritten habt – und vor euch stehen elefanten. gigantische, graue festungen, fünfzehn pes hoch, mit aufbauten, in denen bogenschützen auf euch anlegen, jeder rüsselhieb zertrümmert knochen, die perticalangen stoßzähne schreckliche säbel. und das zuhause, in den lieblichen landschaften italias.

so, senatoren, sieht die afrikanische gefahr aus.

LEGIONÄR I noch 143 tage.

LEGIONÄR 2 hm?

LEGIONÄR I ich bin 45 jahre alt. in 143 tagen werde ich entlassen.

LEGIONÄR 2 ahja.

LEGIONÄR I dann kaufe ich mir eine kleine villa in gallia cisalpina und baue wein an.

LEGIONÄR 2 gut, gut.

LEGIONÄR I das wird schön. hier irgendwo sitzen und keine soldaten mehr sehen.

LEGIONÄR 2 ja.

LEGIONÄR I und du, wie lang hast du noch?

LEGIONÄR 2 ich bin 23.

LEGIONÄR I oh.

LEGIONÄR 2 ja.

LEGIONÄR I tja. jetzt müssen wir nur noch hannibal überleben, was? fast geschafft.

LEGIONÄR 2 ach silentium.

SCIPIO ich war ein knabe von 17 jahren, die stolze uniform des imperiums saß noch reichlich locker, als ich mich das erste mal mit den legionären gegen die ströme der afrikaner stemmte, die über die alpen zu uns kamen. ich, der ich gerade die schulzeit hinter mich gebracht hatte, sah mich dem verschlagenen wahnsinn der afrikaner gegenüber, die mit kriegselefanten die reise durch die berge unternommen hatten. ich sage bewusst durch, denn über die berge können sie mit den tieren nicht gekommen sein. ein wahnsinn.

LEGIONÄR 2 longus, dieses arschloch. lässt uns ohne frühstück durch diese scheißkälte laufen.

LEGIONÄR 1 schwanzus longus. und der afrikaner sitzt fett und warm am lagerfeuer, satt und ausgeruht.

SCIPIO bedauerlicherweise konnten wir nicht verhindern, dass hannibal mit seinen horden europäischen boden betrat; aber immerhin konnte ich den tod meines vaters abwenden. das war für mich, trotz der erlittenen militärischen niederlage, der entscheidende wendepunkt. ich wusste, der afrikaner würde wieder und wieder angreifen, ich hatte ihn kämpfen gesehen. meine aufgabe ab diesem zeitpunkt war klar: ich musste hannibal besiegen, musste das imperium und europa verteidigen, und kostet es mein leben. die nächsten schlachten gingen ebenfalls verloren, weil alte männer, ja, alte männer wie ihr, verehrte senatoren! weil alte männer, die das kommando hatten, eine militärische fehlentscheidung nach der nächsten trafen!

murren der senatoren.

LEGIONÄR 2 hörst du das?

LEGIONÄR 1 was denn?

LEGIONÄR 2 wie ein kreischen.

LEGIONÄR 1 hm?

LEGIONÄR 2 oder schreien.

LEGIONÄR 1 ich höre nichts. beruhige dich, halt die stellung.

LEGIONÄR 2 oder trompeten. oh jupiter –

LEGIONÄR 1 das sind elefanten! oh gott, sie haben elefanten! sie kommen mit elefanten!! ELEF –

SCIPIO schließlich, senatoren, konnte ich selbst durch noble geburt und meine fähigkeiten das hochangesehene amt des konsuls bekleiden, da war ich gerade 31 jahre alt, so alt also wie eure söhne, ja wie eure enkel, senatoren. und was habe ich in diesem amt, dem oberkommando über die leistungsfähigste militärische struktur der bekannten welt, unternommen? ihr wisst es, ich weiß es, das volk roms weiß es! ich habe ein heer ausgehoben, bin nach afrika gegangen und habe das problem beseitigt, ein für alle mal. die legionäre nennen mich rex, nennen mich imperator! das volk roms jubelt mir zu, nennt mich africanus, den afrikaner! sie feiern den frieden, den ich ihnen gebracht habe! nicht durch zögerlichkeit, nicht durch reden, sondern durch handeln und stahl. und ihr, senatoren roms, adlige bürger der stadt, ihr, die ihr selbst rom seit jahren nicht verlassen habt, seit jahrzehnten kein schwert in der hand hattet, ihr intrigiert gegen mich, indem ihr sagt, ich sei schlecht für die stadt, ihr sägt mich ab. senatoren. ihr gewinnt für heute. ich ziehe mich zurück, verbringe zeit mit meiner familie. aber wisset dies: euer schreckgespenst, die afrikaner, werden zurückkommen. und dann werdet ihr wieder nach grimmigen männern wie mir rufen, männern mit blut an den händen, und nach feuer und eisen.

LEGIONÄR 3 wirklich, nur zehn tage?
LEGIONÄR 2 ja. hier irgendwo wollte er eine villa kaufen. und wein anbauen.
LEGIONÄR 3 zehn tage vor der entlassung.
LEGIONÄR 2 zehn tage. so kanns gehn.

der traum

ERZÄHLER singe mir, muse, die erlebnisse der schönen frau europe, welche entführt vom weltenlenker über der see raue gischt in karger insel neue hoffnung fand abseits der heimat. es erwuchs fern von hellas' blühenden auen, der griechischen pracht uneingedenk ein wesen von gottgleicher schönheit, ein mädchen so anmutig, dass jeder sie pries. ihr vater war der mächtige agenor, könig in phönizien, herrscher über tyros und sidon, sohn des poseidon, beherrscher des meeres, und der halbgöttin libya, enkelin der io und des zeus. telephassa, ihre mutter, sanftmütig und schön; möglicherweise war sie eine schwester agenors, ihres mannes, aber europe ward dennoch hübsch und klug und vollständig am leib. wenn das hübsche kind lustwandelte am strand phöniziens – heut ward's genannt libyen und syrien – und mit den gespielinnen im reigen sich drehte und kränze flocht, so war es stets die schönheit der jungen frau, der alles sich unterwarf.

doch nutzte sie nicht jene macht, sie ward bescheiden und schlau, freundlich und gut, achtete alles leben und sorgte für frieden in ihrem umfeld. krieg ward zu streit, streit ward zu diskussion, diskussion zu gespräch und gespräch zum gemeinsamen brüdermahl. so ausgleichend wirkte das fröhliche mädchen.

EUROPA vom spiel des langen tags ermattet, geb ich mich nun dem traume hin. auf dass ein weiterer schöner tag mich erfrischt und fröhlich findet. und ich nicht nachdenke über meine zukunft, meine gegenwart, meine entsetzliche langweile und meine gefangenschaft im prinzessinnenamt. gute nacht. gute nacht. gute nacht.

ASIA schönes kind, ich grüße dich.

????? wir grüßen dich, hübsche.

EUROPA das ist wohl schon der traum? ein rätsel also. wohlan. fahrt fort.

ASIA du bist mir die kostbarste, liebe europa, bist du doch mein kind.

EUROPA ich verstehe, dich kenne ich. du bist mutter asia, ein gestalt gewordener erdteil; meine nährende und fruchtbare heimat. ich liebe dich auch, mutter.

????? liebes kind, irgendwann verlässt man auch die liebevollste mutter, der eigenen entwicklung willen. komm mit mir, ich werde dich an neue ufer führen und dir neue welten zeigen. auf dich wartet ein viel größeres schicksal. komm mit mir.

EUROPA dich, schöne frau, erkenne ich nicht. ihr beide buhlt um meine gunst, das ist so schmeichel- wie rätselhaft. habt ihr noch mehr szenen des spiels?

ASIA höre nicht auf die einflüsterungen dieser mätze, europa. sie umschmeichelt dich, solang du jung bist, und bist du älter, verlässt sie dich für eine jüngere. das ist ihre art, ich hab es tausendfach gesehn.

????? auf die fürsorge dieser mutter kannst du verzichten, schöne europa. sie hält dich nur zurück, will deine gaben für sich selbst, kann die trennung von der lieblingstochter nicht ertragen. bemitleidenswert ist so ein tun.

EUROPA ein rätselwort gibt das nächste. aber nicht genug, um dich zu erkennen, fremde schöne schmeichlerin. ihr streitet um mich, so viel ist klar. ich glaube, mehr kann der traum mir nicht erzählen. also wach ich auf.

europa ab.

ASIA musst du mir da jetzt so saudumm –

????? ach halt doch den mund.

beide ab.

natalia

NATALIA natalia ist der ansicht, dass wir uns unserer verantwortung stellen müssen. wir seien immerhin diejenigen, die die armut der afrikanischen länder nicht nur herbeigeführt hätten durch unsere kolonialvergangenheit und die rücksichtslose ausbeutung der dortigen ressourcen, sondern wir

seien diejenigen, die immer noch ganz konkret von der ma-
roden wirtschaftslage dort profitierten und von den niedri-
gen löhnen und rohstoffpreisen. das coltan und andere sub-
stanzen, die in der high-tech-industrie eingesetzt werden,
ermöglichen uns etwa, unseren durst nach billigen smart-
phones alle 24 monate zu stillen, während die kinder in den
abbaugebieten kaum ihren durst nach wasser stillen können.
im prinzip seien wir diejenigen, die den kindern vor ort
den brunnen wegnähmen und durch einen nestlé-geträn-
keautomaten ersetzen würden. wir seien diejenigen, die mit
wasser und nahrungsmitteln spekulieren würden, in unseren
hedgefonds. der jean hat jetzt auch einen hedgefond. also der
macht in einem mit. ja. der ist 28 jahre alt. hat ein bisschen
geld übrig und legt das an. ich weiß nicht, ob der auch auf
wasser spekuliert. oder getreide in namibia. aber die rendite
ist wohl ganz gut. er kann das auch brauchen, er will ja bauen.
das ist ja auch nicht mehr so billig. das prinzip bei diesen
fonds ist ja, dass auf alles gewettet wird, diese wetten aber
so geschickt gewählt sind, dass 50,01 % davon gewonnen
werden. das reicht schon. und ein paar wetten sind eben
eine sichere bank, wie eben mais. da ist die nachfrage da.
die kleinen banken werden von den großen banken unter
druck gesetzt, und die kaufen dann den bauern die ganze ern-
te ab. der bauer freut sich. und dann spekulieren die fonds,
die hinter den banken stehen, darauf, dass der preis der nah-
rungsmittel hochgeht, nach einiger zeit. und das ist praktisch
garantiert, kann man sich ja denken. und sobald der preis
eine bestimmte marge erreicht, wird verkauft, und der ge-
winn wird dann im fonds ausgeschüttet. allerdings halt erst,
wenn der diese marge erreicht. und der preis richtet sich
nicht nur nach der nachfrage, wenn die also groß genug ist.
nein. auch nach der kaufkraft der örtlichen bevölkerung.
wenn die also so arm sind, dass der kleinbauer auf dem markt

sein getreide nicht für einen dollar verkaufen kann, weil sich das einfach keiner leisten kann, dann muss er mit dem preis runter, weil er sonst zusammen mit seinen kunden verhungert. wenn aber der hedgefonds als eigentümer diktiert, dass erst ab einem preis von einem dollar verkauft wird, dann ist das hirnrissig. dann vergammelt das getreide in den silos. kubikmeterweise. während draußen die kinder blöd werden vor unterernährung. und krank. oder direkt sterben.

so ist das.

da würde natalia auch nicht bleiben wollen, sagt sie.

grænlendingar

island, 982 n. chr.

ÄLTESTER eiríkur.

ERIK hier, ich –

ÄLTESTER ruhe. geboren vor 32 sommern in jæren, als einziger sohn des þorvaldur ásvaldsson, sohn des ásvald úlfsson, ist das richtig?

ERIK ja, und –

ÄLTESTER ruhe. ist es nicht so, dass dein vater norwegen verlassen musste, weil er beim holmgang jemanden erschlagen hatte?

ERIK ja, aber –

ÄLTESTER ruhe. und hat nicht dein vater mit seiner familie zuflucht hier in island gefunden, als du 20 jahre alt warst?

ERIK absolut, ich –

ÄLTESTER ruhe. und hast du diese gastfreundschaft uns jetzt gedankt, indem du wieder jemanden erschlagen hast? und wieder beim holmgang?

ERIK ja schon, aber –

ÄLTESTER ruhe. weißt du, wie der holmgang funktioniert? sobald einer leicht – leicht! erik!! – verletzt ist, ist die angelegenheit erledigt und das ding vorbei.

ERIK natürlich, ich –

ÄLTESTER ruhe. du hast blut an den händen, eiríkur, sie sind rot davon.

ERIK oh, das –

ÄLTESTER ruhe! das war bildhaft gemeint, du depp. von nun an sei dein beiname der rote.

ERIK naja, damit –

ÄLTESTER ruhe! warum unterbrichst du uns dauernd? herrgott erik. wir wollen doch nur das beste für dich.

ERIK 'tschuldigung.

ÄLTESTER also. eiríkur »rauði« þorvaldsson! wegen mordes während des heiligen gerichtskampfs verbannen wir dich. ab morgen darfst du island für drei jahre nicht betreten, sonst wirst du getötet.

ERIK na prima.

am nächsten tag.

ERIK jungs! wir geächteten müssen zusammenhalten. wir müssen island verlassen, verlassen wir es gemeinsam.

STYR auja, endlich raus aus der scheißkälte. fahren wir zum njörvasund, nach medina, da soll es toll sein, und das hat auch seit 100 jahren kein wikinger mehr geplündert.

ÞORBJÖRN oder nach osten, nach rostow oder baku!

ERIK schluss! wir machen, was ich sage. also los, segel gesetzt, wir suchen jetzt gunnbjörns land.

EYOLF sinnlose schnapsidee.

STYR warum bist du dann dabei?

EYOLF ich find schnaps gut, und sinn brauche ich nicht.

ÞORBJÖRN woher wissen wir denn, dass es das land überhaupt gibt? gunnbjörn ist seit 60 jahren tot und war ein aufschneider. und selbst wenn es das land gibt, hat gunnbjörn selber gesagt, dass es dort saukalt und ungemütlich ist. ich bin dafür, dass wir nach süden fahren, zum beispiel nach haithabu, da ists warm und die deutschen –

ERIK nix haithabu. süden. wir fahren nach westen, zu gunnbjörns land. snæbjörn ist letztes jahr dahin aufgebrochen.

EYOLF und nicht wiedergekommen!

ERIK eben. es muss also toll sein da.

nach einigen wochen auf see.

STYR ich bringe ihn um. ich schwöre, ich bringe ihn um.

EYOLF noch jemand lust auf eine partie kubb? wikingerschach? irgendwer?

STYR ich schieb ihm seine blöden kubb-steine so tief in den –

ÞORBJÖRN land! laand in sicht!!

ERIK hab ichs nicht gesagt?

vier stunden später.

ÞORBJÖRN ich hab jetzt alles abgesucht, es gibt hier nichts als schnee und eis.

EYOLF mir kommt island jetzt direkt warm vor.

ERIK hier sind spuren einer siedlung. das sieht aus wie ein kleines rundes haus aus schnee. hier ist die spitze einer harpune aus knochen. hier könnte ein feuer gebrannt haben.

STYR willst du mich verarschen? das feuer hat bis gerade eben gebrannt, der typ hat was darauf gekocht, als du ihn erschlagen hast.

ERIK ja, archäologie ist spannend!

STYR warum hast du das überhaupt gemacht?

ERIK das ist mein land, styr. unser land. hier gelten unsere regeln. gunnbjörn hat das land entdeckt, damit gehört es den wikingern, es ist also heimat! und der dicke kleine schwächling hier ist unrechtmäßig auf wikingerland gewesen und hat geangelt. ja wo kommen wir denn da hin? ich muss doch meine heimat gegen solche skrælingar verteidigen!

EYOLF wie jetzt, heimat? ich dachte, wir fahren zurück nach island?

STYR alter.

ÞORBJÖRN erik, im ernst, hier gibt es nichts. als schnee. und eis.

ERIK ach quatsch, ihr werdet sehen, wenn erstmal andere siedler da sind, wird der schnee weggeräumt und getreide angebaut.

STYR du spinnst total. wie soll hier irgendwas wachsen? wie soll hier irgendwer freiwillig herkommen?

ÞORBJÖRN hey, kommt mit uns, wir haben eine komplett neue riesige wüste aus schnee und eis entdeckt, auf der dicke kleine angler leben, und es ist trotzdem unsere heimat!

ERIK liebe freunde, ihr unterschätzt die fähigkeiten guten marketings. wir dürfen die neue heimat nicht »riesige wüste aus schnee und eis« nennen, sondern einen namen finden, der fruchtbarkeit und hoffnung kommuniziert. wie »erikland«. oder ...»grünland«.

EYOLF jemand lust auf kubb?

die begegnung

ERZÄHLER in des olymps unbezwingbarem turm der götter heimstatt liegt verborgen. stets wachsam der sterblichen leben betrachtend sitzt weltenlenker zeus, der weise gottvater und herrscher auf dem wolkenthron, über dem schicksal der menschen zu gericht. beten wir für ein gnädiges urteil!

ZEUS *wischt* 1000 poleis in meinem gebiet, etwa 5 millionen sterbliche, die an mich glauben. hinzu kommen nochmal 20 millionen, die zu »jupiter« beten und so auch bei mir rauskommen. so viele leben, so viele menschen. 25 millionen gläubige. 12 millionen davon weiblich, 5 millionen davon zwischen 15 und 35. doch keine, die –

HERA was machst du da?

ZEUS nix, ich –

HERA schaust du dir schon wieder junge frauen an??

ZEUS naja, ich bin ja der göttervater für alle menschen und –

HERA wenn ich dich noch einmal mit einer sterblichen erwische, freundchen, dann zieh ich wieder zu unserer mutter. dann ist der ofen aber aus! und zwar endgültig!! ist das klar??

ZEUS och liebes –

HERA OB DU MICH VERSTANDEN HAST!

ZEUS ja hera, ich hab dich verstanden.

HERA gut. und jetzt leg das ding weg.

ZEUS mimimi dann ist der ofen aber aus mimimi

HERA wie bitte??

ZEUS nichts, liebes!

ERZÄHLER die urenkelin und großnichte des hohen gottes derweil nach unruhiger nacht zum tisch des morgenmahls sich hat begeben. doch genießt agenors kind das frühstück nicht, zu deutlich steht der rätsel frage ihr im sinn.

EUROPA wie seltsam dieser traum mir schien. ein rätselspiel ganz offenbar, allein der sinn bleibt mir verborgen. wer war die rätselhafte schöne, die mit asia um mich stritt? oh, die freundin ruft zum spiel mich fort. herrgott. *freundlich.* liebe freundin, ich danke dir und eile gern mit dir zum spiel, lasst blumen pflücken uns und kränze flechten! doch erst muss zähne putzen ich. ich eile. *sarkastisch.* will doch zum täglichen spiel nicht mich verspäten, welch katastrophale folgen das hätte. nicht auszudenken, ich käme zum flechten oder ringelspiel zu spät! der weltuntergang wäre wohl nicht mehr abzuwenden.

ERZÄHLER gottvater im olymp noch wischt.

ZEUS nein, nein, nein, nein, n– holla, wer bist du denn, schöne europa. it's a match.

ERZÄHLER aii, sterbliche, hoffe, dass nie der blick des weltenlenkers dein antlitz segnet!

aisha

AISHA aishas eltern kamen nicht von hier, die waren aus wuppertal. und aishas großeltern kamen aus anatolien, einem kleinen dorf an der iranischen grenze. ihre großeltern sind kurden, die zum arbeiten nach deutschland gekommen waren, nach dem krieg, zum wiederaufbau, zum wirtschaftswunder. aishas großvater schaffte bei VW in wolfsburg, bevor er sich dann mit einem gemischtwarenladen in wuppertal selbstständig machte. aishas großeltern sind deutsche. aishas eltern sind deutsche. aisha ist deutsche. sie hat hier studiert, philosophie, sie arbeitet im akademischen mittelstand einer deutschen hochschule an einem deutschen lehrstuhl für praktische philosophie. ihren eigenen so genannten migrationshintergrund nimmt sie kaum noch wahr, vielleicht zwei, drei mal im monat, wenn sie der barista einen augenblick zu lange fragend anschaut, bevor er ihren namen auf den kaffeebecher schreibt oder wenn sie ein wildfremder mensch auf der straße auf türkisch oder arabisch anspricht. und jetzt fühlt sie sich fast zu deutsch, wenn sie in sich hineinhorcht und feststellt, dass sie angst hat vor manchen gruppen von ausländern, wenn sie sich fragt, ob es nicht zu viele werden für die gesellschaft oder ob sich ihre heimat verändern wird. sie findet, europa sollte ein gemeinsamer gedanke sein, ein ideal, ein schutzraum für alle, die hilfe brauchen oder suchen, oder ein besseres leben. was aisha versucht rauszufinden, woran sie gerade arbeitet, ist: was ist eigentlich ein europäer? zuerst dachte aisha, das könne man jetzt paläoanthropologisch diskutieren, dementsprechend wäre europa seit mindestens sechshunderttausend jahren besiedelt von verwandten spezies der gattung homo, vom neandertaler, vom denisova-menschen oder vom heidelbergensis, der europäischen variante des erectus. diese ersten europäer sind aber alle ausgestorben. weil – und da wird aisha vorsichtig – weil aus afrika eine ganz neue spezies kam, der homo sapiens. die erste population der menschen hieß cro-magnon, und die haben sich vor etwa vierzigtausend jahren hier niedergelassen. das waren sozusagen die ersten europäischen menschen, wenn auch keinesfalls die ersten europäer. aisha sagt es nicht, aber man könnte diese ersten siedler sicherlich auch als flüchtlinge aus afrika bezeichnen. diese fühlten sich hier sehr wohl, und nach erdgeschichtlich recht kurzer zeit hatten sie die einheimischen cousins, vor allem die neandertaler, aus der ökologischen nische getreten und dem untergang überantwortet. aisha denkt sich das so: vor zwei millionen jahren hat der erectus sich aus afrika auf den weg nach europa gemacht, über südspanien beziehungsweise über das schwarzmeer und georgien, hat da alles besiedelt, mühsam eiszeit um eiszeit durchgestanden, sich langsam weiterentwickelt zum heidelbergensis, schließlich zum neandertalensis, hat werkzeuge gebaut und musik erfunden, religion und die erste kultur – und dann kommt der neue mensch aus afrika, der sapiens, der sich viel schneller fortpflanzt als die einheimischen, und binnen kürzester zeit ist der neandertaler verschwunden. da fragt man sich doch, sagt aisha. müssen wir uns vor einer invasion aus afrika schützen? aber aisha lacht und sagt: keine angst. erstens bedeutet in kürzester zeit immer noch zwanzigtausend jahre, und der neandertaler ist zweitens auch nicht in einem genozid ausgerottet worden, sondern einfach in der population aufgegangen. wir haben bis heute 2 % neandertaler-erbgut. vorher war der neandertaler genetisch schlecht aufgestellt, bemerkenswert hoher verwandtschaftsgrad, niedrige genetische vielfalt. offenbar waren nur etwa 3500 weibliche neandertaler gleichzeitig am leben. naja, und dann kam der sapiens und hat sich mit dem neandertaler gepaart. und alles war gut, win-win-situa-

tion für alle beteiligten. der moderne mensch hatte jemanden, der ihm die lokalen gegebenheiten erklären konnte,
und der neandertaler musste sich nicht dauernd mit verwandten paaren.

aber dann, sagt aisha, ist ihr doch aufgefallen, dass sie das
nicht weiterbringt auf der suche nach dem europäer.

hörner von hattin

verschiedene sprecher pro strophe.

WALTHER
álrêrst lébe ich mir werde,
sît mîn sündic ouge siht
daz here lant und ouch die erde,
der man sô vil êren giht.
ez ist geschehen, des ich ie bat:
ích bin komen an die stat,
dâ got menischlîchen trat.

jetzt erst lebe ich in meinen augen richtig,
seit mein sündiges auge das beeindruckende land
und die erde sieht, die so berühmt sind.
es ist geschehen, worum ich immer gebeten hatte:
ich bin an den ort gekommen,
den gott als mensch betrat.

schoeniu lant, rîch unde hêre,
swaz ich der noch hân gesehen,
sô bist dûs ir aller êre.
waz ist wunders hie geschehen!
daz ein magt ein kint gebar,
hêre über áller engel schar,
wáz daz niht ein wunder gar?

schöne länder, reich und herrlich,
welche ich alle überall gesehen habe,
du stellst alle in den schatten.
was ist hier für ein wunder geschehen!
dass eine jungfrau ein kind gebar,
herr über aller engel schar,
war das etwa kein wunder?

hie liez er sich reine toufen,
daz der mensche reine sî.
dô liez er sich hie verkoufen,
daz wir eigen wurden frî.
anders waeren wir verlorn.
wól dir, spér, kriuze únde dorn!
wê dir, heiden, dáz ist dir zorn!

hier ließ er sich rein taufen,
damit der mensch rein werde.
dann ließ er sich hier verkaufen,
damit wir leibeigenen frei würden.
sonst wären wir verloren.
wohl dir, speer, kreuz und dorn!
weh euch heiden, das macht euch wütend.

aber vor allem macht es uns wütend. wir, die wahren söhne
gottes, uns steht die geburtsstätte des heilands zu. damit
christen! – sprich: europäer – die herrscher über jerusalem
bleiben, haben wir zwischen 1096 und 1291 insgesamt sieben kreuzzüge durchgeführt, und geplündert, gemordet,
niedergebrannt und vergewaltigt.

hinnen vuor der sun ze helle,
vón dem grábe dâ ínne lac.

des wás der vater ie geselle
únd der geist, den nieman mac
sunder scheiden, éz sî ein,
sleht und ebener danne ein zein,
als er abrahâme erschein.

insgesamt gab es 22 millionen opfer. wohlgemerkt bei einer
weltbevölkerung von knapp 300 millionen menschen. 1099
etwa haben wir jerusalem erobert und kurz darauf, heide
daz ist dir zorn, siebzigtausend juden und muslime – die ge-
samte stadtbevölkerung – enthauptet. amen.

dô ér den tuifel álsô geschande
daz nie keiser baz gestreit,
dô vuor ér her wíder ze lande.
dô huob sich der juden leit:
dáz er, hêrre, ir huote brach
und dáz man ín sît lebendig sach,
dén ir hant sluog unde stach.

und warum haben wir das gemacht? weil ihr uns angegriffen
habt. wir mussten uns verteidigen. unsere freiheit, unseren
way of life, sozusagen. die europäischen werte. muslime im
heiligen land, in der heiligen stadt, das kann man doch nicht
zulassen, das ist eine totale provokation. und der papst hat
gesagt, gott will es, deus lo vult. und sündenablass gabs oben-
drauf.

in daz lant hât er gesprochen
einen angeslîchen tac,
dâ der weise wirt gerochen
und diu witwe klagen mac
und der arme den gewalt,

den man hât mit in gestalt.
wol im dort, der hie vergalt!

etwas später war dann klar: das religiöse, der heilige krieg, das war nur vorgeschoben. im endeffekt war es politik, hegemonialstrukturen. es ging knallhart um wirtschaftliche interessen. was da gehandelt wurde mit dem orient! die gewürzstraße etwa musste frei bleiben. der vierte kreuzzug ging dann direkt nach konstantinopel, einer christlichen stadt, die geplündert wurde im namen und zum nutzen der republik venedig, im herzen europas.

kristen, juden und die heiden
jehent, daz díz ir erbe sî.
gót, müeze éz ze rehte scheiden
durch die sîne namen drî.
al diu werlt, diu strîtet her:
wir sîn an der rehten ger.
reht ist, daz er uns gewer.

christen, juden und muslime behaupten,
dass dies ihr erbe sei.
gott müsste es gerecht entscheiden,
durch seine drei namen.
die ganze welt bekriegt sich hier:
wir aber sind im recht mit unserer bitte,
also ist es recht, dass er sie uns gewähre.

die entführung

ERZÄHLER singe mir, muse, die geschichte des vielgewandten, des verführers und vielverpaarten, des gottvaters und unzähliger halbgötter und sterblicher vater. zeus, blitzeschleuderer im olymp, bereitet der neuen liebe zu nähern sich vor, durch list und kunst verborgen wird der göttliche leib.

ZEUS *probiert verkleidungen an* hmhmhm ... was zieh ich an, mensch ... liebling?

HERA ja?

ZEUS ich muss nochmal weg. dienstlich. ist grade – grade reingekommen. hermes meinte, es sei dringend.

HERA aha. und warum siehst du aus wie ein stier?

ZEUS ach, du weißt schon ... sterbliche. bis später, hab dich lieb!

HERA aber wieso hast du so kurze ...

ERZÄHLER unterdessen an sidons prächtigem strand europe, die schöne, zu den gefährtinnen stößt, um zu tanzen, zu feiern, zu singen und zu freuen sich.

EUROPA juhu. wie ich mich freue. jeden tag das gleiche. ja, kränze flechten ist schönster zeitvertreib. nichts schönres könnt ich denken mir als am strande zu flanieren und kränze zu flechten. ich zähl nun schon 16 jahr, und das schönste abenteuer für mich ist, am strand spazieren und kränze flechten. welch andere aufgabe kann eine prinzessin haben. was mehr könnt ein junges mädchen wollen. welch größeres glück im leben. als langweiligen strandspaziergang und blöde kränze flechten. öde öde öde. juchei.

ERZÄHLER so freut sich europe an ihrem tun, in steter zufriedenheit übt voll weisheit sie sich. gott zeus bespricht mit hermes seine tat, erhofft sich unterstützung von seinem sohne, dem götterboten.

ZEUS hermes, ja, ich brauch nochmal deine hilfe. ja. ach? sie hat dich angerufen? nicht dein ernst. und was hast du gesagt? ha. nice. puh. ja. danke dir. ja, hast was gut. klar. hör mal: es gibt da dieses mädchen. nein, nicht wie deine mutter, eine sterbliche. ja. das müssen wir jetzt aber nicht disku– nein. hermes. schau. kuck mal kurz runter. das problem ist, eine rinderherde ist hier, und ich brauch sie da drüben. siehst du das? und ich sehe gerade aus wie ein stier, ja, gut beobachtet. tarnung, junge. wie, kurz? wie, zu kurz? sag mal, lachst du?? kannst du das jetzt bitte machen? gut – gut. prima. danke dir!

ERZÄHLER nun laufen die prächtigen rinder kleinasiens vom götterboten hermes angeleitet über den strand, auf die maiden zu.

EUROPA blumen. pflücken. kränze. flechten. juhee. heißa. ich. muss. hier. endlich. weg!! ein gefängnis dieses königreich. mein tagwerk so strunzblöd wie diese freundinnen.

plötzlich rinder.

EUROPA oha! ach keine angst, ihr mädchen. das sind die herden meines vaters. der weiße hier kommt direkt zu mir. der will nur spielen. seht, er rollt sich im grase wie ein kätzchen!

ERZÄHLER der schönste und strahlendste stier, den je man gesehen, er nähert sich zuneigend der phönizischen prinzessin. verborgen durch des hohen gottes kunst ist zeus' eigener prächtiger leib in strahlendem rind unbändiger kraft.

EUROPA so ein schönes tier. prächtig, weiß und stark. huch? ist das normal so? müsste das nicht viel größer sein?

ZEUS schnaubt.

EUROPA knie nieder, schöner, auf dass ich dir kränze in deine kleinen hörnchen flechte. tatsächlich sah ich nie so kleine hörner bei einem stier. der kranz ist fertig. mich dünkt, er will mich tragen. na gut. huch?

ERZÄHLER ai oi sterbliche jetzt bist du vertan, auf des verkleideten gottes kraftbuckelndem rücken ins phönizische meer wirst du getragen.

olivier

OLIVIER olivier kommt aus einem ganz kleinen europäischen land, aus einem der kleinsten. er hat nur ein paar tausend landsleute, sein land hat mehrere amtssprachen und ist zwischen großen wirtschaftsmächten eingeklemmt. seit jahrhunderten kämpft sein kleiner staat um autonomie, um politische und kulturelle abgrenzung von den übermächtigen nachbarn, die das kleine land auch in den zahllosen kriegen immer wieder einfach überrannt haben. so ist mühevoll, schritt für schritt, eine eigene nationale identität erwachsen, ein bewusstsein für das ›wir‹ und das ›ihr‹. trotzdem, oder gerade deswegen, hat olivier das gefühl, dass das bewusstsein für ein funktionierendes europa in seiner heimat viel stärker ist als in vielen anderen staaten. schon früh war das land begeistert von der europäischen union, trat bei, zahlte beiträge, beteiligte sich an gemeinsamen aktionen. sie haben sogar ein großes militärisches transportflugzeug gekauft, damit sie an gemeinsamen europäischen einsätzen teilnehmen können. das steht zwar mangels flughafen im nachbarland und wird mangels eigener luftstreitkräfte auch dort gewartet, aber sie haben sich eins gekauft. sie nehmen flüchtlinge auf, es brennen keine unterkünfte. natürlich ist das kleine land auch etwas privilegierter als andere; viele sehr reiche europäer und europäische firmen haben dort ihre offizielle anschrift, denn der steuersatz ist niedrig. auf diese weise kann das kleine land sehr viel geld verdienen mit europa beziehungsweise mit der gier der europäer. olivier denkt – und er glaubt, dass ihm viele seiner landsleute zustimmen –, dass gerade in einem kleinen land der europäische gedanke groß ist. sie sehen europa als eine familie, und natürlich streitet man viel in einer familie. jeder versucht, seine eigenen positionen durchzusetzen, und da fliegen auch öfter mal die fetzen. und natürlich gibt es auch familien, die zerbrechen. mit dem einen komischen onkel ist man zerstritten. die schwester kann die tante nicht leiden. der cousin kommt schon seit jahren zu keinem familienfest mehr und ruft nie an, lässt sich aber trotzdem jeden monat die 20 euro von oma überweisen. der punkt ist: gerade als eines der kleinsten mitglieder der familie kann man vielleicht am besten erkennen, wie gut es tut, eine familie zu haben, die sich um schwächere kümmert, sie auffangen kann. besonders wenn man so viel geld verdienen kann damit.

waterberg

13. mai 1904, berlin

LOTHAR VON TROTHA eigentlich geht es um nicht weniger als den kampf der kulturen. der überlegene geist des europäers wird triumphieren, ja muss triumphieren. wir sind dazu bestimmt, zu herrschen und zu lenken – weltweit.

HEINRICH SCHNEE ich stimme ihnen ja zu, general. in den kolonien liegt die zukunft, sowohl für uns als auch für die herero, die von der technologie und der ordnung des deutschen reiches profitieren können und schon jetzt große vorteile daraus ziehen. das auswärtige amt ist weiterhin der ansicht –

LOTHAR VON TROTHA papperlapapp. sie brauchen mich hier nicht mit ihren werbebroschüren zu beeindrucken, legationsrat. die sache ist klar. wir haben ein problem in deutsch-ostafrika, das leutwein alleine nicht gelöst bekommt.

HEINRICH SCHNEE general leutwein hat die aufständischen auf dem waterberg festgesetzt und arbeitet an einem friedensvertrag mit samuel maharero.

LOTHAR VON TROTHA hören sie sich überhaupt zu, schnee? ein friedensvertrag mit diesen wilden! als ob ein papier mit den drei kreuzchen, die der neger zu zeichnen in der lage ist, irgendeinen wert hätte. nein, legationsrat, das einzige, was uns dauerhaften frieden garantiert, ist das groot rohr, wie die buren im süden sagen.

HEINRICH SCHNEE sie machen einen fehler. wir schreiben ein neues jahrhundert, general. machen wir es zu einem jahrhundert des friedens und der zivilisation.

LOTHAR VON TROTHA ich muss glücklicherweise nicht länger mit ihnen und ihrem pazifistengewäsch herumstreiten, schnee. ich habe meine befehle vom oberkommando. sie können sich ja dann mit leutwein über ihr jahrhundert des friedens austauschen, während ich und größere männer als sie die kolonien retten. habe die ehre!

22. juni 1904, swakopmund

THEODOR LEUTWEIN also, lothar, was sind deine pläne?

LOTHAR VON TROTHA sobald die truppen einsatzbereit sind, greifen wir auf breiter front an. unsere maschinengewehre werden die zahlenmäßige überlegenheit der gegner ausgleichen, zumal viele von ihnen keine schusswaffen führen.

THEODOR LEUTWEIN die MGs werden in dem gestrüpp aber nicht so wirkungsvoll sein, wie du denkst.

LOTHAR VON TROTHA wir kämpfen nicht gegen militär, theodor, sondern gegen wilde mit schlagstöcken. die bengels werden wir schon verhauen. wir sperren alle fluchtwege vom waterberg. abteilung volkmann sperrt norden, abteilungen deimling und fiedler sperren westen, abteilung estorff sperrt nordosten, und die abteilungen mühlenfels, von der heyde und winkler sperren den streitwolf'schen weg nach südosten in richtung omaheke. sie nehmen auch die wasserstellen von hamakari.

THEODOR LEUTWEIN du willst die wasserstellen von hamakari erobern? das ist wahnsinn. wir stehen vielleicht 6000 kämpfern gegenüber, aber 50000 menschen, frauen und kinder sind vom wasser abhängig!

LOTHAR VON TROTHA umso schneller werden sie kapitulieren.
THEODOR LEUTWEIN ich protestiere aufs schärfste.
LOTHAR VON TROTHA zur kenntnis genommen.

12. august 1904, waterberg, deutsch-südwestafrika
LUDWIG VON ESTORFF meine liebe frieda!
ich hoffe, bei euch in berlin ist alles gut und deine tätigkeit
im krankenhaus erfüllt dich weiterhin mit stolz und dankbar-
keit, wie du mir schriebst. »aber in der beschäftigung selbst
vergnügen finden – dies ist das geheimnis des glücklichen!«,
wie die unvergessene sophie brentano schreibt. ja, auch ich
denke jeden tag noch an otto; dass ausgerechnet das jüngste
von uns geschwistern als erstes stirbt, ist ein trauriger um-
stand, aber der herrgott wird sich schon was dabei gedacht
haben. mir geht es recht gut, danke der nachfrage. die schutztruppe ist hervorragend ausgestattet, ich bekomme sogar regelmäßig neue bücher. gerade lese ich »peter camenzind« von
einem gewissen hermann hesse, und es ist recht unterhalt-
sam, wenngleich er erkennbar auch nur mit wasser kocht. leider komme ich nicht so zum lesen wie ich mir wünschen
würde, ein teilaspekt jener normativen kraft des faktischen,
wie georg jellinek sie beschreibt, sofern ich ihn recht verstehe. erst gestern war eine fürchterliche schlacht, die wir mit
knapper not gewonnen haben. wie du weißt, gibt es aktuell
einen aufstand eines einheimischen volkes, der herero, die
von den nama unterstützt werden und gegen unsere schutztruppe und den kolonialstatus allgemein aufbegehren. sie
hatten sich auf ein hochplateau auf dem waterberg zurück-
gezogen, und gestern haben wir unter der führung von generalleutnant von trotha angegriffen. wir sind den wilden
natürlich von der ausrüstung her massiv überlegen, aber diese menschen haben mit einer vehemenz gekämpft, die ich
noch nicht erlebt habe. verbissen und zäh, als würden sie
die menschheitsgeschichte verteidigen, da sie sich nicht den

segnungen der kolonialherrschaft unterwerfen mögen. nun, in jedem fall haben wir gestern ihre wasserstellen und weideflächen erobert, und dabei einige dutzend leute verloren und einige hundert getötet. leider hat die abteilung von der heyde den riegel nicht halten können, und die herero konnten über den so genannten streitwolf'schen weg in die omaheke fliehen. das ist einerseits militärisch gesehen ein fehlschlag, da die taktik nicht aufgegangen ist. menschlich gesehen ist es allerdings eine katastrophe. die omaheke ist momentan eine im wesentlichen ausgedörrte wüste bar jeder wasserlöcher und weideflächen, etwa von der größe deutschösterreichs. general von trotha setzt den fliehenden nach und vertreibt sie von den wenigen wasserlöchern. fünfzigtausend menschen sind auf der flucht. ich fürchte, die meisten werden sterben.

liebe frieda, du bist eine frau gottes. bete für uns.
bitte ihn um verzeihung.
in liebe
dein bruder, ludwig von estorff
2. oktober 1904, waterberg.

LOTHAR VON TROTHA wir sind fast siegreich. jeden tag kommen mehr flüchtlinge aus der wüste auf unsere stellungen zugewankt. aber nicht mit uns. sie wollten in die wüste, sie bleiben in der wüste. wir werden diesen flitzebogenwilden zeigen, wie wir mit aufständischen umgehen! wäre doch gelacht. adjutant! diktat. schreiben sie:

»aufruf an das volk der herero
abschrift zu o. k. 17 290 osombo-windembe, den 2. 10. 1904
kommando der schutztruppe.
j.nr. 3737«

haben sie das?

»ich der große general der deutschen soldaten sende diesen brief an das volk der herero. die hereros sind nicht mehr deutsche untertanen. sie haben gemordet und gestohlen, haben verwundeten soldaten ohren und nasen und andere körperteile abgeschnitten und wollen jetzt aus feigheit nicht mehr kämpfen. ich sage dem volk: jeder, der einen der kapitäne an eine meiner stationen als gefangenen abliefert, erhält 1000 mark, wer samuel maharero bringt, erhält 5000 mark. das volk der herero muss jedoch das land verlassen. wenn das volk dies nicht tut, so werde ich es mit dem groot rohr dazu zwingen. innerhalb der deutschen grenze wird jeder herero mit und ohne gewehr, mit oder ohne vieh erschossen, ich nehme keine weiber und kinder mehr auf, treibe sie zu ihrem volke zurück oder lasse auf sie schießen. dies sind meine worte an das volk der hereros.

der große general des mächtigen deutschen kaisers.

dieser erlass ist bei den appells der truppen mitzuteilen mit dem hinzufügen, dass auch der truppe, die einen der kapitänen fängt, die entsprechende belohnung zuteil wird und das schießen auf weiber und kinder so zu verstehen ist, dass über sie hinweggeschossen wird, um sie zum laufen zu zwingen. ich nehme mit bestimmtheit an, dass dieser erlass dazu führen wird, keine männlichen gefangenen mehr zu machen, aber nicht zu grausamkeiten gegen weiber und kinder ausartet. diese werden schon fortlaufen, wenn zweimal über sie hinweggeschossen wird. die truppe wird sich des guten rufes des deutschen soldaten bewusst bleiben.

der kommandeur
gez. v. trotha, generalleutnant.«

die reise nach kreta

ERZÄHLER die geliebte küste der phönizischen heimat, das vä-
terliche schloss und die vertrauten dörfer entschwinden
schnell unter des stieres kraftvollem zug. gen westen wird europe entführt, fort aus asien, an zypern vorbei. die knie im
wasser, die sonn' im genick, sterbliche, vertan ist dein schicksal, vertan der heimat freuden und ein ende nimmt unbe-
schwerte jugendzeit durch des gottes wollust. oi. ai.
EUROPA stier! das überrascht mich jetzt. du siehst so schön aus,
stier, so friedlich. du strahlst große stärke und sicherheit aus.
ich weiß nicht, wohin genau du mit mir gehst, aufs meer hinaus, ich bin dir ausgeliefert, ich hoffe, du bringst mich an
schöne ufer und schadest mir nicht. ich vertraue dir, stier.
und ich möchte dich sicherheitshalber nochmal daran erinnern, dass ich eine phönizische prinzessin bin. ich bin sicher,
du wirst mir nicht schaden. du schönes, großes, blondes tier,
wie gemeißelt siehst du aus. und wie der wind dein haar zer-
zaust!
ERZÄHLER lang und beschwerlich ist die scheinbar ziellose fahrt
durch des mittelmeers unbarmherzige gischt. schließlich dun-
kelt die nacht, ohne eines leuchtfeuers beruhigendes licht
am horizont hervorzubringen.
EUROPA stier, ich hoffe, wir kommen bald an. du schossest ins
wasser wie der blitz; krieg ich jetzt bald mal wieder was anderes zu sehen? wir sind bestimmt schon viele stunden unter-
wegs, aber es könnten auch schon monate sein.
ERZÄHLER am neuen morgen europa von schlafloser nacht auf
des stieres rücken sich erhebt. schließlich erscheint der reise
ziel am horizont, aber sterbliche ohweh, diese küste bedeutet
nicht erlösung …
EUROPA land! land in sicht! endlich. mitten im meer eine insel,
ich wusste von dieser möglichkeit. stier, du führst mich an

neue ufer. ein neuer lebensraum, für mich? stier? du setzt mich ab. das ist nett. halt, moment, wo willst du jetzt – du kannst mich doch jetzt nicht hier alleine lassen! stier!! hallo!!!

ERZÄHLER doch ach, der in langer fahrt vertraut gewordene leib des schönen stieres verschwindet galoppierend am horizont, wo der verkleidete gott sein trugbild ablegt und sich in menschengestalt der jungen europe präsentiert. wir wenden voll grauen uns ab vor des hohen gottes landnahme.

EUROPA oh, wer bist du denn? hast du einen stier gesehen?

ZEUS nein.

den rest der szene schlägt er sie brutal zusammen und vergewaltigt sie.

heinrich

HEINRICH heinrich redet nicht viel. heinrich ist froh, wenn er im wald ist. er genießt es, umgeben von seinen enkeln und urenkeln zu sein. unterhalten kann sich heinrich nicht mehr, er ist inzwischen taub. aber er ist auch schon sechsundneunzig jahre alt. heinrich ist förster aus leidenschaft. schon als kind, kaum konnte er laufen, ist er mit seinem besten freund in den wald gerannt; später dann hat er ganze tage dort verbracht, ist auf bäume geklettert, hat tiere beobachtet und pilze gesammelt, wovon er seiner mutter abends immer minutiös bericht erstattete (sein vater war in verdun geblieben). er konnte mit zwölf bereits alles bestimmen, was im europäischen mischwald blühte, lief, kroch, rief, wuchs oder flog, und es war allen, die ihn kannten, schon lange klar, dass er in den wald gehörte. er wurde förster, hegte und pflegte das ihm anvertraute stück natur und ging völlig in dieser tätigkeit auf. seine hochzeit und die geburt seiner tochter fanden beide am waldrand statt, in einem kleinen häuschen, das er selbst gebaut hatte. nur einmal holten sie ihn aus seinem wald; er sollte seinem vaterland dienen. als er nach neun jahren zurückkam, war er 20 kilo leichter, hatte zwölf menschen getötet und vier jahre gefangenschaft hinter sich. seine mutter war zwischenzeitlich gestorben, seine frau vergewaltigt worden, seine tochter hatte mit knapper not den typhus überlebt. er lachte nicht mehr, redete wenig und nie über das erlebte und verbrachte noch mehr zeit im wald. mit der geburt seines sohnes konnte er wieder weinen, mit dem umzug in die weitgehend unberührten wälder norwegens wieder lachen. aber er blieb beschädigt, und erst mit über 70 erzählte er seiner tochter das erste mal davon, wie sein bester freund im graben neben ihm eine kugel durch den hals bekommen hatte, irgendwo im russischen winter, wie er minutenlang versucht hatte, die blutung zu stoppen, und wie sinnlos dieser versuch gewesen war.

heinrich redet nicht viel. manchmal hat man das gefühl, dass er schon nicht mehr richtig in dieser welt ist. aber wenn man mit ihm, dem welt verachtenden, misanthropischen förster, über die europäische union spricht, dann ist er ganz klar: sein sohn gehört zur ersten generation seit hunderten, die das rentenalter erreichen konnte, ohne einen krieg zu erleben. auf diesem kontinent, in dem jeder zentimeter boden zigfach blutgetränkt ist, seit jahrtausenden. sein sohn musste nicht töten, wurde nicht getötet, weil ein beispielloses multilaterales abkommen gegenseitige sicherheit und wohlstand in europa garantiert. sein sohn und seine altersgenossen hatten alles. als kinder das wirtschaftswunder, als erwachsene riesige freizügigkeit, und jetzt im rentenalter garantierte renten. es ist eine bittere ironie der geschichte, dass die generation seines sohnes jetzt drauf und dran ist, alle vorteile der europäischen union zu klump zu hauen, aus einem diffusen bedürfnis nach heimeligkeit. heinrich jedenfalls findet die EU großartig. und heinrich träumt jetzt wieder oft vom krieg.

bayeux

23. september 1940, bayeux

EDUARD WINTERMAYER bonsoir mesdames et messieurs, bienvenue à blickpunkt wissenschaft. ce soir, nous sommes à bayeux, et de parler au professeur jankuhn, l'un de l'archéologue le plus important de la reich et de l'europe. nous avons la conversation en allemand, dans le cadre que nous fournissons un résumé français. professor jankuhn, guten abend, vielen dank für ihre zeit.

HERBERT JANKUHN nennen sie mich einfach sturmbannführer. ich freue mich, hier zu sein.

EDUARD WINTERMAYER sturmbannführer, sie sind einer der weltweit führenden experten für europäische frühgeschichte. als mitglied der ss-ahnenerbe haben sie bereits in schleswig-holstein eine wikingersiedlung rekonstruiert –

HERBERT JANKUHN das ist richtig, herr wintermayer. die wikingersiedlung haithabu ist eine der wichtigsten siedlungen dänischer und schwedischer wikinger und eine der frühesten beweise für arische siedlungen in zentraleuropa. dort konnte ich etwa einen rituellen ort für den holmgang rekonstruieren.

EDUARD WINTERMAYER was ist das?

HERBERT JANKUHN nun, der holmgang war der rituelle gerichtskampf der wikinger, bei dem zivilrechtliche streitigkeiten beigelegt wurden. sobald einer der beiden streitenden seine waffe verlor, den kreis verlassen oder eine leichte verletzung erlitten hatte, war der kampf beendet und die angelegenheit zu seinen ungunsten entschieden.

EDUARD WINTERMAYER das würde man sich heutzutage für england auch wünschen, was? ein scherz, haha.

HERBERT JANKUHN haha. die ausgrabungen in haithabu stehen unter der persönlichen schirmherrschaft des reichsführers, damit ist –

EDUARD WINTERMAYER sie meinen den reichsführer ss, heinrich himmler –

HERBERT JANKUHN himmler, jawohl. damit dürfte deutlich sein, wie wichtig uns die erforschung der europäischen geschichte ist.

EDUARD WINTERMAYER und deswegen sind sie jetzt hier. es geht um den wandteppich von bayeux.

HERBERT JANKUHN genau. der wandteppich ist ein zeitdokument von beträchtlicher relevanz. die besiedlungsgeschichte englands –

EDUARD WINTERMAYER verzeihen sie, wenn ich sie unterbreche, sturmbannführer. meine damen und herren, sie müssen sich den wandteppich nicht etwa als perser vorstellen, sondern eher wie ein band aus stoff, knapp 50 cm hoch und fast 70 m lang. darauf ist eine geschichte ...?

HERBERT JANKUHN als stickerei, ja, die geschichte der eroberung englands durch william the conqueror.

EDUARD WINTERMAYER und wie alt ist der teppich etwa?

HERBERT JANKUHN wir gehen momentan von einem entstehungszeitraum in der zweiten hälfte des 11. jahrhunderts aus.

EDUARD WINTERMAYER 900 jahre.

HERBERT JANKUHN fast 900 jahre, ja. er entstammt einer zeit, in der sich unsere gesellschaftsordnung zu formen begann. mit der schlacht von hastings, die hier dargestellt wird, endet eine epoche, nämlich das ende des wikingerzeitalters. darüber hinaus ist die eroberung englands durch wilhelm eigentlich ein vorläufer der kreuzzüge hundert jahre später, von denen uns etwa der germanische dichter walther von der vogelweide in seinem palästinalied eindrucksvoll berichtet.

EDUARD WINTERMAYER und was macht diesen teppich so bemerkenswert?

HERBERT JANKUHN er ist eines der wichtigsten bilddenkmäler des hochmittelalters, und damit ein wesentliches kulturdenkmal für die reiche geschichte unseres erdteils und unserer rasse. die freien völker europas haben stets im wettstreit miteinander gerungen und wurden deshalb zu höchstleistungen im bereich der politik, der kultur und der wissenschaft angeregt, was in dem teppich wunderbar dargestellt ist.

EDUARD WINTERMAYER er ist also auch für england ein wesentliches kulturdenkmal?

HERBERT JANKUHN genau. und ich freue mich auch darauf, in kürze, nach kriegsende, mit englischen wissenschaftlern in den austausch über den teppich zu treten.

EDUARD WINTERMAYER sehr schön. was wird bis zur kapitulation englands mit dem teppich geschehen?

HERBERT JANKUHN wir werden ihn nach paris bringen, um unsere forschungen voranzutreiben und ihn gegebenenfalls der französischen öffentlichkeit wieder zugänglich zu machen.

EDUARD WINTERMAYER sturmbannführer, ich danke ihnen für das gespräch.

8 kilometer nördlich, etwa vier jahre später. juni 1944, 5 uhr morgens.

BERNHARD FRERKING severloh!

HEINRICH SEVERLOH hier, oberleutnant.

BERNHARD FRERKING sie kommen. es geht los. es geht verdammt nochmal los.

HEINRICH SEVERLOH jawohl, oberleutnant.

BERNHARD FRERKING schweres artilleriefeuer und luftangriffe auf 100 km breite, zwischen sainte-mère-église und ouistreham. tausende landungsboote laufen auf die strände zu, und wir sind genau da, wo sie aufschlagen.

HEINRICH SEVERLOH jawohl, oberleutnant.

BERNHARD FRERKING rommel wird uns nicht rechtzeitig errei-
chen. wir stehen allein.
HEINRICH SEVERLOH jawohl, oberleutnant.
BERNHARD FRERKING aber keine panik, severloh. keine panik.
HEINRICH SEVERLOH jawohl, oberleutnant.
BERNHARD FRERKING severloh, gehen sie ins widerstandsnest
62 und übernehmen sie das MG.
HEINRICH SEVERLOH jawohl, oberleutnant.
BERNHARD FRERKING ich bleibe hier im bunker und leite die
artillerie.
HEINRICH SEVERLOH jawohl, oberleutnant.
BERNHARD FRERKING und severloh – ich brauche sie nicht dar-
an zu erinnern, wie wichtig es ist, dass wir die stellung halten.
HEINRICH SEVERLOH jawohl, oberleutnant.
BERNHARD FRERKING junge. hier und heute ist die schicksals-
stunde des freien europa. während die landungsboote auf
den strand zuhalten, schlagen wir die abwehrschlacht für
die zukunft unserer heimat.
HEINRICH SEVERLOH jawohl, oberleutnant.
BERNHARD FRERKING in diesem weltenbrand entscheidet sich
das schicksal des reichs.
HEINRICH SEVERLOH jawohl, oberleutnant.
BERNHARD FRERKING severloh, sie gehen an dieses maschinen-
gewehr und sehen zu, dass die festung europa nicht fällt.
HEINRICH SEVERLOH jawohl, oberleutnant.
BERNHARD FRERKING severloh, mensch, wir werden siegen.
gegen den bolschewismus, gegen den imperialismus. solange
sie diesen strand halten.
HEINRICH SEVERLOH jawohl, oberleutnant.
BERNHARD FRERKING gut. gehen sie, sie teufelskerl, sie retter
des vaterlands. gehen sie!! und: sieg heil.
HEINRICH SEVERLOH jawohl, oberleutnant.
the charge of a light brigade – phantom/ghost, während gefreiter
severloh in 10 stunden etwa 2000 amerikaner erschießt.

die verführung

ERZÄHLER am unbarmherzigen strand von kreta liegt sie, auf
dem bauch, den kopf zur see, das gesicht fast in der bran-
dung, zerstört von des gottes dunklen gelüsten, bleich wie
eine tote. doch noch hat das leben sie nicht verlassen. sie hus-
tet, spricht, bewegt einen arm. der gott, der sich nahm, was
er als das seine betrachtet, obwohl es ihm nie zustand, ist
längst wieder im olymp, bei der gattin. seine gier ist gewi-
chen, gleichgültigkeit an ihrer statt getreten. europe, bemüht, sich aufzusetzen, scheitert unter schmerzensschreien.
EUROPA ich liege in trümmern. in mir ist alles zerstört. davon
erhole ich mich nie. warum lebe ich noch. welches grausame
schicksal kettet mich ans leben.
ERZÄHLER schließlich vollzieht sie die bewegung, sichtbar nun
ihr geschundener leib, die verletzungen, die erniedrigung.
der gott ist weg, und das ist ihr glück.
EUROPA ich habe dem falschen vertraut. doch der stier war so
schön, ich dachte, er ist vielleicht der ausweg aus der verhass-
ten situation. und dann das.
ERZÄHLER sie erhebt sich, krabbelt, zieht sich zum meer, das
süße erlösung für grausames schicksal verspricht.
EUROPA jetzt jedenfalls ist alles vorbei. ich kann nicht mehr leben. ich habe keine zukunft mehr, nichts, was noch kommen
wird. nach dieser katastrophe. es wird keine lieder geben für
mich, keine blumen mehr, nie kann ich unbeschwert sein. es
ist vorbei. das erlebte ist für immer in mich eingeschrieben,
kein gedanke kann je wieder gedacht werden, der nicht damit zu tun hat. es gibt keinen ausweg. der tod hat mich vergessen, ich helf ihm mich erinnern. nur ein bisschen noch,
dann kann ich diesen geschundenen, geschändeten, verheer-
ten leib mit salzwasser fluten und bin wieder frei.
ERZÄHLER ohne zaudern und mit letzter kraft wirft sie sich

dem kalten meer wieder hin, schon füllen die lungen sich mit salzigem tod. in letztem moment erscheint eine hand, reißt hustend europe wieder empor.

APHRODITE halt ein, hübsches kind.

EUROPA geh weg. du kannst nicht mich meinen.

APHRODITE bleib.

EUROPA ah, ich erinnere mich, du bist die aus meinem traum vom anfang.

APHRODITE du schöne, es gibt eine zukunft für dich. gebäre deine kinder.

EUROPA ach schwanger bin ich auch noch. prima. nein. darf es nicht geben.

APHRODITE halt ein.

EUROPA nein. hiernach gibt es nichts mehr. hier endet alles. an dieser katastrophe zerspringt die geschichte.

APHRODITE du hast viel mehr verdient.

EUROPA weißt du, was du bist? scheiße bist du! lüge bist du! hoffnung, verzweiflung bringst du. und weißt du, was ich bin? kollaboration bin ich!! ich hab mitgemacht, mensch! ich bin auf den scheißstier gestiegen, freiwillig! ich fand den toll! der hat nach zukunft gerochen, nach freiheit, nach maschinenöl! der war so schön!! und dann kam das. damit hat doch keiner rechnen können!!! aber es ist passiert, und jetzt ist alles aus. jetzt muss alles aus sein, verstehst du! es darf nicht weitergehen, es kann nicht weitergehen!! es kann keinen witz geben, kein gedicht, kein lied, kein lachen! nie wieder! ich bin schon tot.

APHRODITE nein, kind. du bist das opfer. nichts mehr. niemand fragt nach deiner schuld. sei einfach vorsichtiger mit stieren von nun an. was dir passiert ist, ist schrecklich, ist eine zäsur sicherlich. aber kein grund ists, sich aufzugeben. es geht weiter. komm mit mir. glaub an dich, glaub an mich. glaub an die zukunft, an sicherheit, an das ende von gewalt.

glaub an wohlstand und weiterentwicklung. glaub an freiheit und begegnung. und glaub vor allem an den frieden, den andauernden, ungebrochenen frieden, der dich von nun an umfängt, wenn du bereit bist dafür.

EUROPA ich – ich kann das doch nicht alles hinter mir lassen. oder?

APHRODITE ich kann dir zeigen, was du tolles schaffen wirst. sogar kinder wirst du haben, wunderbare kinder, du, königin von kreta. ich werde in deiner regentschaft selbst mit anchises den aeneas zeugen, dessen kinder auf deinem kontinent das römische reich gründen werden.

EUROPA das was?

APHRODITE das liegt noch in der zukunft. wie die wikinger, die templer, kaiserreiche, weltkriege und immer wieder menschen auf der suche nach einem besseren leben. jedenfalls, denk daran: du selbst bist deines glückes schmied, hübsche.

EUROPA nennst mich immer noch hübsche. siehst du die wunden nicht? das werden narben, schlimme narben.

APHRODITE narben erinnern uns an unsere irrtümer. und sie verblassen mit der zeit.

EUROPA das will ich nicht.

APHRODITE was willst du denn?

ERZÄHLER und europa, die herrliche dulderin, blieb am leben, wurde stärker, gebar ihre kinder und sah sie aufwachsen, erzog sie, die völker europas, im glauben an gemeinschaftlichkeit, stärke durch heterogenität, solidarität, mitgefühl, ehrfurcht und universelle, gelassene heiterkeit, und wenn wir sie nicht getötet haben, lebt sie auch heute noch.

kreta

VERENA FÖDA geh, musst du jetzt den tzatziki essen. wir haben noch vier stunden gemeinsam schicht und du knofelst hier die ganze brücke voll.

GERHARD RESINGER jetz reg dich ned auf bitte, ich bring halt ein wenig lokalkolorit rein. von deiner seite her kommt ja nix.

VERENA FÖDA tzaziki ist kein lokalkolorit, tzaziki ist einfach greislich. insbesondere wannst es nicht selber essen kannst.

GERHARD RESINGER mögen sie was ab, frau gruppeninspektor?

VERENA FÖDA gib her.

FUNK darkstar for scylla, how do you read.

GERHARD RESINGER ähm. this is scylla, loud and clear. go ahead.

FUNK scylla, radar shows contacts in grid sector oscar romeo six niner. request visual confirmation.

GERHARD RESINGER copy that, darkstar. visual confirmation grid sector oscar romeo six niner. we are on the way.

VERENA FÖDA oiso, abfahrt. gemma gemma.

GERHARD RESINGER bin eh schon dabei. hast du dir schon mal gedacht, dass es immer wir sind?

VERENA FÖDA wir was sind?

GERHARD RESINGER na, es sind immer die österreicher, die europa retten.

VERENA FÖDA wie meinst etz des?

GERHARD RESINGER hallo? kahlenberg? wer hat denn die türken aufgehalten?

VERENA FÖDA osmanen.

GERHARD RESINGER tschuschen halt. der punkt ist: damals waren wir es, und heute sind wir es wieder!

VERENA FÖDA naja, aber da muss man jetzt der fairness halber schon sagen, dass frontex schon auch aus mehr truppen besteht als aus dem küstenwachschiff »salzburger land« und uns paar hansln.

GERHARD RESINGER ja. richtig. aber jetzt gerade sinds halt eben nur wir, auf diesem schiff, die europa verteidigen.

VERENA FÖDA so ein grampf. wir haben doch gerade die einsatzplanung von einem portugiesischen awacs-flugzeug bekommen. charybdis ist heute nacht ein finnisches schiff. und das ist nur die gegend vor kreta, was ist mit den ganzen anderen einsatzorten? balkanroute, ostroute, westafrikaroute, albanienroute, zentralemittelmeerroute, westmittelmeerroute, nordafrikaroute …

GERHARD RESINGER ja, aber jetzt gerade sinds halt nur wir zwei.

VERENA FÖDA depp. radarkontakt 010. was sagt des wärmebild?

GERHARD RESINGER wärmebild kommt … ja. volltreffer. ein fischerboot und zwei, nein, drei schlauchboote. würd sagen, mindestens 400 leit'.

VERENA FÖDA gut. na dann. call it in, gruppeninspektor resinger.

GERHARD RESINGER scylla for darkstar, come in.

FUNK scylla, darkstar. go ahead.

GERHARD RESINGER visual confirmation of four vessels with approximately four hundred alphas. request orders.

FUNK roger, scylla. stand by.

VERENA FÖDA jetzt muss er erst warschau fragen. siehst, das sind nämlich nicht nur wir.

GERHARD RESINGER aber wir sind in der vordersten front! das musst du auch sagen. warschau hat nicht die türken aufgehalten, warschau –

FUNK scylla, darkstar. come in.

GERHARD RESINGER go ahead, darkstar.

FUNK scylla, command approved. you are cleared to engage. i say again, you are cleared to engage.

GERHARD RESINGER roger wilco, darkstar. engaging.

VERENA FÖDA oiso. *drückt knopf.*

LAUTSPRECHER rudbelik ya-bahhar! safinatuka túschadú fi miah-urupia-memnuá. uchrusch hällen min-el-bahr ualla satughrakhu.

LAUTSPRECHER attention bateau. vous avez pénétré illégalement les eaux européennes. tournez immédiatement ou vous serez envoyé par le fond.

LAUTSPRECHER attention boat. you have illegally penetrated european waters. turn around immediately or you will be sunk.

GERHARD RESINGER und, drahn's um?

VERENA FÖDA naa.

GERHARD RESINGER nie drahn's um.

VERENA FÖDA oiso, europa verteidigen. *drückt anderen knopf.*
eine automatische kanone gibt in schneller folge drei schüsse knapp
unter die wasserlinie des fischerbootes und je einen auf die schlauch-
boote ab.

GERHARD RESINGER scylla for darkstar, come in.

FUNK scylla, darkstar. go ahead.

GERHARD RESINGER alphas are sinking. request permission to resume patrol.

FUNK radar confirms, alphas sinking. good kill. cleared to resume patrol.

GERHARD RESINGER copy, darkstar. scylla out.
kurze pause. die meisten der 482 flüchtlinge, die nun auf ihren
booten langsam im meer versinken, können nicht schwimmen.

GERHARD RESINGER hast den tzaziki jetzt zamgessn?

konstantin

KONSTANTIN findet, dass wir es uns zu leicht machen. wir sind uns alle einig. wir richten uns ein in der einmütigkeit unserer korrekten überzeugungen. unserer ablehnung des populismus. des raubtierkapitalismus, der für die flüchtlings- oder eben migrantenströme verantwortlich ist. wir reden darüber. wir schreiben theaterstücke darüber, wie die europäischen werte gefährdet sind und erodieren. wir klopfen uns gegenseitig rhetorisch oder tatsächlich auf die schultern, versichern uns unserer gemeinsamen vermeintlich humanistischen position und reflektieren das auch noch. dabei gehe es gar nicht darum, wie wir zu dem zustand europas stünden. es gehe nicht mal darum, ob wir die EU toll fänden. auch um die flüchtlingspolitik gehe es nicht, nicht um die toten im mittelmeer, nicht um die bulgarischen bürgerwehren, die nahrungsmittelspekulationen in afrika, nicht um terrorismus, religion, ungleiche verteilung von wohlstand. nicht um die scheißgurken. konstantin sagt, es gehe vor allem darum, sich der eigenen macht bewusst zu werden. der partizipation. der teilhabe an gesellschaftlichen prozessen. dass wir, die wir hier säßen oder auch anderswo, dass wir dafür verantwortlich wären, wie sich europa entwickelt. wer schweigt, stimmt zu. sagt konstantin. und das bedeute auch, dass man sich eben positionieren müsse. das sei unsere aufgabe, unsere verpflichtung als animal sociale et rationale. als emanzipierter souverän. wir könnten uns eben die gleichgültigkeit nicht mehr leisten. und wenn wir nicht wollten, dass dieses hoffnungslos idealistische und bürokratische, dieses romantische und zynische, dieses brutale und geschichtlich reiche projekt eines geeinten europa ende, dann müssten wir was tun. vielleicht sogar ein bisschen mehr als theaterstücke darüber zu schreiben. oder zu spielen oder zu besuchen. vielleicht könne man zu den pulse-of-europe-demonstrationen gehen, die überall stattfänden. oder man würde im internet unter dem hashtag #ichbinhier sachlich und freundlich gegen hasspostings vorgehen, ihre muster aufzeigen, ihnen unbeirrt was entgegensetzen und andere stimmen und meinungen sichtbar machen. oder man würde in eine partei eintreten, selber lokal oder überregional politik mitbestimmen. verantwortung übernehmen. jenseits von aller feuilletonistisch künstlerischen beschäftigung mit der materie, was ja, wenn man ehrlich sei, tatsächlich nur abwehr wäre. weil man die entsetzliche wahrheit in künstlerische formen verpackte. oder bewerten würde. weil man eben nicht den gedanken zuließe, der eigentlich schon lang im eigenen hinterkopf lauern würde. den gedanken, dass wir an einer zeitenwende stünden. die möglichkeit, dass wir in den nächsten jahren und jahrzehnten möglicherweise wieder kriege erleben könnten. der gedanke, der nun beinahe zur gewissheit geworden wäre, dass die fetten jahre nun vorbei seien und wir langsam auf die verliererseite der entfesselten globalen marktwirtschaft rutschen könnten. und dann nicht mehr die möglichkeit haben würden, theaterstücke zu schreiben. oder zu lesen. oder zu bewerten. oder zu spielen. nein, sagt konstantin, nein, wir müssten jetzt was tun. und wenn wir das täten, wenn wir tatsächlich alle zusammen unsere bürgerlich-intellektuelle, ironische abwehr aller realitäten ablegen könnten, ja dann könnten wir vielleicht, mit glück, doch noch diese utopie erhalten, die zahllose mutige idealisten in den letzten 70 jahren geschaffen haben und die uns gerade an allen ecken von feigen egoisten gestohlen wird. findet konstantin.

SWEET DREAMS ..

STERBEN HELFEN

figuren

lucy, erfolgreiche geschäftsfrau, etwa 40 jahre alt
þrúðr, ihre frau, ein bisschen jünger, wirkt erst mal weniger
tough
mutter, resolute frau um die 70
vater, resoluter mann um die 70
dr. asche, ein arzt, geschlecht und alter beliebig
silvester, ein alter sekretär. verlässlich, präzise, warm, dunkel.
wie sein alter geschnitzter eichenschreibtisch
baptist, ein junger sekretär. schlank, durchsichtig, kalt, glatt.
wie sein moderner schreibtisch aus glas und stahl
bellerophon, der sohn von lucy und þrúðr, ein freundliches,
neugieriges kleinkind, das immer ein geflügeltes plüschpferd
dabeihat

I. AKT

montagmorgen (4. januar)

ein großraumbüro, diffus der kreativwirtschaft zugeordnet. viele monitore, viele leute arbeiten. eine frau im hosenanzug, ende dreißig, coffee to go in der hand und mantel über dem arm, geht zügig durch den mittelgang auf eine geschlossene tür zu, grüßt im vorbeigehen einige kollegen. sie öffnet die tür und tritt in das vorzimmer ihres büros, schließt die türe hinter sich, nimmt einen schluck von ihrem kaffee. der mann hinter dem schreibtisch blickt auf.

SILVESTER guten morgen, frau direktorin. *er steht auf und nimmt ihr den mantel ab, hängt ihn auf.*

LUCY guten morgen, silvester. wie viel zeit habe ich?
sie geht auf die tür am anderen ende des raumes zu. sie ist eine schöne frau.

SILVESTER ähm. nicht viel, ich hab ihren 9 uhr 30 auf 9 uhr 45 verlegen können, aber sonst bekommen wir hinten raus zu viele probleme.

LUCY gut, das reicht. briefing liegt auf dem tisch?

SILVESTER mach ich grade fertig, bekommen sie in einer minute.

LUCY prima. ach, und buchen sie mir doch bitte noch einen termin bei dr. asche.

SILVESTER was akutes?

LUCY nein, einfach routine. die sprechstundenhilfe weiß schon bescheid. anfang februar irgendwann.

SILVESTER alles klar, mache ich, frau direktorin.

der anruf

einige minuten später klingelt das telefon.

MUTTER das muss so ... gegen 9, halb zehn gewesen sein, als ich sie erreicht habe schließlich. ich muss auch sagen, dass ich es gut fand, dass sie sich jetzt in der schwangerschaft etwas mehr raum nimmt. und dass sie nicht direkt um 8 im büro ist. gerade wenn sie sich etwas mehr zeit für kind und familie nimmt. auch um sich zu schonen. das ist schon sehr sinnvoll. ich hätte natürlich auch direkt bei ihr im vorzimmer anrufen können, aber mit dem alten sekretär rede ich nicht so gern. da bin ich irgendwie eitel. das erinnert mich an mein eigenes alter, irgendwie. schwer zu erklären. ich habe sie jedenfalls angerufen, sie war wohl grade zur tür rein.

LUCY ja? hallo mama!

MUTTER sie klang zumindest noch ganz außer atem. ich stell mir das ja immer so ein bisschen wie in diesen amerikanischen filmen vor, sie die aktentasche in der einen, den coffee to go in der anderen hand, kommt zur glastür rein, während das vorzimmer hinter dem geeisten glas –

die frau richtet immer noch ihren schreibtisch ein, positioniert unterlagen, liest das briefing.

LUCY mama, du, ich hab grad nicht so richtig viel zeit, warum rufst du an?

MUTTER naja, sie wirkte auf jeden fall recht gestresst, hat mich dann auch unterbrochen. dabei wollte ich sie nur kurz einladen. zur abschiedsfeier. und das wollte ich bei meiner tochter doch nicht nur über eine karte, sondern persönlich machen und hätte es auch schön gefunden, wenn sie sich etwas mehr zeit genommen hätte für mich. aber sie ist halt sehr beschäftigt. deswegen hab ich mich dann auch kürzer gefasst.

plötzlich hält sie inne. sie wirkt ehrlich überrascht. fast ein bisschen –

LUCY oha. jetzt schon? verstehe. naja klar, aber ... na klar. ja,
verstehe ich auch gut. stimmt schon.

MUTTER ich hatte ein bisschen angst, sie kann schon recht sen-
timental sein und heftig in ihren reaktionen, aber sie war
wirklich sehr gefasst. das war auch für mich dann natürlich
viel angenehmer. fand ich rücksichtsvoll von ihr.
traurig. ein bisschen traurig.

LUCY ja aber anfang februar, reicht dir das? ja klar unterstützt
er dich, aber vier wochen ... ach so. ja na gut, das ist dann
natürlich auch klar.

MUTTER ich bin auch sehr froh, dass sie nicht nach dem »warum« gefragt hat. sie hat manchmal so einen indiskreten zug,
das hab ich ihr auch schon tausendmal gesagt, dass sie das
überwinden muss, wenn sie vorankommen will. aber sie
hört ja nicht auf mich. fairerweise muss ich sagen, dass sie
trotzdem was geworden ist – meine kleine tochter lucy, die
direktorin.

LUCY naja gut mama, weiß ich bescheid. ja. klar, kommt mit. ja
sehen wir dann. puh, das weiß ich nicht, hab grad hier viel
um die ohren, aber ich versuche es. das wäre schön, ja. bis
bald, mami! bis bald.
sie legt den hörer auf. atmet kurz durch, nimmt ihn dann wieder
auf und wählt eine nummer.

LUCY hey, ich bins. kannst du dir mal den 6. februar freihalten?
genau. meine mutter hat uns zu ihrer beerdigung eingeladen.

die beerdigung

ÞRÚÐR ich hab das noch gut in erinnerung. es war ein wirklich
schönes fest. viele leute, bestimmt 200 menschen waren da,
ja.
ein tisch mit vielen menschen, ein großes essen. an der fehlenden
torte sieht man, dass es keine hochzeit ist.

MUTTER meine freunde. ich bin von herzen froh, so viele liebe menschen hier zu sehen. schön, dass ihr die zeit gefunden habt in euren zweifelsohne sehr dichten terminkalendern, vor allem ihr, liebe rentnerfraktion.

ÞRÚÐR es gab ein großes essen, das war wirklich gut, drei gänge, alle an einem langen tisch. sehr gesellig.

MUTTER ihr alle habt mich zu der person gemacht, die ich bin. ich danke euch von herzen dafür. jetzt ist für mich ein guter moment, einmal zurückzublicken.

ÞRÚÐR die rede war durchaus auch lustig, pointiert, sie konnte das ja gut. kam auch wirklich gut an, viele leute haben gelacht.

MUTTER gut, nach vorne zu blicken, das lohnt sich in meiner situation nicht, außer dem dessert kommt da nicht mehr viel. im ernst. es war ein tolles leben.

ÞRÚÐR ich bin … ehrlich nicht sicher, wie das für lucy war. sie meinte auch zu mir, dass das ein schönes fest gewesen sei. aber besonders viel haben wir danach nicht drüber gesprochen.

MUTTER geboren und aufgewachsen in wuppertal, hier, meike und lisa, mit euch, was war das für eine zeit. erinnert ihr euch an den alten krämer marcus? ich sag nur: ne mark fuffzich. dann studium in rom und kopenhagen, mario, caro amico, leggere, parlare, – bere! – per tutta la notte! und svenja, tak for den smukke vinter? sagt man das so?

ÞRÚÐR als dann die rede auf sie kam, musste sie, glaube ich, weinen. aber das war das einzige mal. und ich glaube, ihre mutter hat das gar nicht gesehen.

MUTTER mein wunderbarer mann manfred, ich danke dir sehr für die zeit mit dir. es war weiß gott nicht immer leicht, auch weil mir meine karriere wichtig war – dazu komme ich gleich nochmal – aber ich glaube, wir waren ein tolles team und hatten eine menge spaß, alles in allem. und, ja, es tut mir leid, dass das mit dem professionellen apnoetaucher nichts geworden ist, zum hundertsten mal. aber ehrlich: ich könnte mir keinen besseren menschen an meiner seite vorstellen. und, wir haben miteinander einen weiteren wunderbaren menschen gemacht! unsere tochter lucy, die früher dampfmaschinen gesammelt hat und einmal im naturkundemuseum – nein, die peinlichkeit erspare ich dir, kannst du bei gelegenheit vielleicht mal selber erzählen. aber du hast dich auch von dinosauriern nicht unterkriegen lassen, in vieler hinsicht, und bist jetzt eine der jüngsten marketingdirektorinnen der branche. und hast selber eine vorzügliche kleine familie. wenn ich dich ansehe, und ich hoffe, ich zeige dir das oft genug, platze ich vor stolz.

ÞRÚÐR es war aber auch wirklich schön, was sie über lucy gesagt hat. und dass sie auch mich und bel erwähnt hat, hat mich gefreut.

MUTTER alle kollegen, die ganze fakultät für mathematik, ich kann euch nicht alle namentlich nennen, ich bin so froh, dass ihr da wart und seid, das berufsleben, mit allen tiefs, war doch stets mehr hoch. dank euch. und umso mehr freue ich mich, dass ich mit vielen von euch auch über die habilitation hinaus verbunden geblieben bin.

ÞRÚÐR ja, im großen und ganzen war das wirklich ein schönes fest, ich hab da aber auch ehrlich gesagt nicht so eine große erfahrung bislang, das kommt ja häufig erst im laufe der zeit. ich war erst auf zwei beerdigungen vorher, die waren auch sehr schön. vor allem die meiner schwester war toll.

MUTTER herzlichen dank nun auch noch mal herrn professor emmerich und herrn dr. gersch für die gute beratung und therapie, schön, dass sie hier sein können. ja, mehr gibts eigentlich auch nicht zu sagen. ich danke euch und ihnen allen sehr, und wünsche euch von herzen alles gute. lasst es euch schmecken.

ÞRÚÐR naja und als sie dann mit der rede fertig war, gings eigentlich nach protokoll. sie ist unter applaus rübergegangen zur liege, hat sich hingesetzt, uns nochmal zugewinkt, hat sich dann von ihrem mann den inhalator geben lassen und ihn benutzt. dann hat sie sich hingelegt und ist ins krematorium reingefahren worden. sehr schön, sehr würdevoll. lucy war neben mir, sie hat gelächelt. war wirklich ein schöner moment.

gespräch über die zukunft des vaters

VATER lucy, du musst wirklich nicht mehr bleiben. fahr zu deiner familie, ich komme schon klar.
LUCY jetzt hör doch mal auf, ich mach das doch gern. die kommen schon zurecht.
VATER wie du meinst, du bist schließlich –
LUCY ich bin schließlich erwachsen, genau. aber jetzt hör doch mal auf abzulenken. was wirst du jetzt machen? wie stellst du dir die nächste zeit vor?
VATER ich werd nicht gleich meinen inhalator benutzen, wenn du das meinst. ich fühle mich gut, hab keine nennenswerten schmerzen, und ich freue mich auf ein bisschen ich-zeit.
LUCY das ist doch sinnvoll. aber wird dir mutter nicht fehlen? fehlt sie dir nicht?
VATER lucy bitte, von dir hätte ich da mehr empathie erwartet. natürlich fehlt sie mir und wird sie mir fehlen, aber das ist eben nun meine aufgabe, damit zurechtzukommen. das bin ich ihr schuldig, nach all den jahren.
LUCY deswegen schmeißt du all ihre sachen raus?
VATER natürlich! dann hab ich endlich platz für meinen hobbyraum. ich bastle eine eisenbahn für meinen enkel. das ist doch vielleicht auch in deinem sinne.

LUCY ach, der hat so viel spielzeug.

VATER schluss. vielleicht baue ich auch eine bowlingbahn oder ein heimkino. ich hab geld und platz und auch freunde, mit denen ich gern mal einen film kucken möchte. ich kann das jetzt. verstehst du? darauf kommts an.

LUCY du könntest auch auf die malediven fliegen.

VATER genau. warum eigentlich nicht. oder ich verpulvere hier weiter dein erbe. ha!

LUCY ha. bist du eigentlich traurig?

VATER wieso traurig? was soll die frage?

LUCY na – wegen mama.

VATER wieso traurig. worüber traurig. das war doch ein schönes fest gestern.

LUCY ja, total.

VATER alle waren total fröhlich. wir konnten nochmal alle stationen aus ihrem leben nachverfolgen, das war doch toll!

LUCY ja schon.

VATER wieso sollte ich traurig sein?

LUCY weil sie nicht mehr da ist. weil sie tot ist.

VATER lucy. ich wusste seit dem moment, als ich mit ihr zusammengekommen bin, vor 43 jahren, dass sie sterben würde. genauso wie ich weiß, dass ich sterben werde. bei deiner geburt wussten wir, dass du sterben wirst. alles stirbt, lucy, alles vergeht. für immer. nichts bleibt.

LUCY das ist grausam, wie du das sagst.

VATER quatsch grausam, das ist einfach die wahrheit. daran ist nichts, aber auch gar nichts traurig. unser aller weg ist vorherbestimmt, wir werden sterben, und deine mutter hatte ein wunderbares leben und einen schönen tod. ein großes glück ist das.

LUCY ich geh jetzt, papa.

VATER du wirst sterben, lucy. ich werde sterben, schon bald.

þrúðr wird sterben und bellerophon wird sterben. du kannst das nicht verhindern. niemand kann das!

LUCY machs gut, papa.

zuhause, nachgespräch 1

BELLEROPHON ich will zur oma!

ÞRÚÐR hi schatz, gut dass du da bist. er ist sehr aufgebracht.

LUCY puh. hi, kleiner mann!

BELLEROPHON ich will zur oma.

ÞRÚÐR du kannst nicht zur oma. die oma ist jetzt tot.

LUCY uh. du machst das mal. ich kann grad nicht.

ÞRÚÐR okay.

BELLEROPHON wieso ist die oma jetzt tot?

ÞRÚÐR weil sie ihren inhalator benutzt hat.

BELLEROPHON was ist ihr inalato?

ÞRÚÐR das ist ein kleines gerät, da ist ein gift drin, und das atmet man ein und dann ist man tot.

BELLEROPHON was ist das für ein gift?

LUCY willst du auch ein glas wein?

ÞRÚÐR ja, danke!!

BELLEROPHON was ist das für ein gift?

ÞRÚÐR das ist, glaube ich, aus irgendeinem fisch gemacht, und das lähmt alle nerven.

LUCY das öffnet alle calcium- und natriumkanäle in den nervenzellen und führt zu einer tödlichen übererregung, einem kompletten krampf aller muskeln und einer abschaltung aller nervenzellen. wenn du es genau wissen willst. hier bitte. und aus plankton.

ÞRÚÐR hm?

LUCY das ist aus plankton gemacht, reichert sich nur in fischen an.

ÞRÚÐR gut, ja. plankton.

BELLEROPHON und hab ich auch einen inalato?

ÞRÚÐR ja, jeder hat einen.

BELLEROPHON wo ist der?

ÞRÚÐR den kriegt man erst, wenn man erwachsen ist. vorher heben die mamis den für dich auf.

BELLEROPHON okay. ich will was essen.

nachgespräch 2

ÞRÚÐR und, wie gehts ihm?

LUCY gut.

ÞRÚÐR gut?

LUCY ja, er sagt, er hat jetzt endlich mal zeit für seine hobbys und seine freunde.

ÞRÚÐR aber das ist doch schön! oder?

LUCY natürlich ist das schön, ich freu mich auch für ihn.

ÞRÚÐR irgendwie siehst du gar nicht so aus.

LUCY ach, ich weiß auch nicht. ich frag mich halt, wie er da so einfach – ach naja.

ÞRÚÐR was ist denn los, mh? was geht in dir vor? und wenn ich ehrlich bin, habe ich, glaube ich, da zum ersten mal gespürt, dass da was ist in ihr. also dass es wie einen irritationsmoment gibt in bezug auf den tod. wir saßen da, in unserer wohnung, auf dem blauen sofa, hatten gerade gegessen und unseren sohn ins bett gebracht, es war eine friedliche und entspannte situation durch und durch, ich glaube, ich hatte eine flasche wein aufgemacht … und ich spürte, wie es in ihr arbeitete. also wirklich, sie rang nach worten, oder eigentlich eher nach erkenntnis. so. sie rang mit sich, diese eine erkenntnis zuzulassen. das fiel ihr sehr schwer.

LUCY ich weiß auch nicht. ich bin wahrscheinlich einfach erschöpft. war echt viel.

ÞRÚÐR ja, allerdings.

LUCY und ich habe angst vor dem arzttermin morgen.

ÞRÚÐR warum, hast du irgendeine konkrete besorgnis? be-
schwerden?

LUCY nein, ich – ach, ich bin einfach müde.

ÞRÚÐR mach dir keinen kopf. du wirst sehen, du gehst da morgen hin, und das einzige, was du hinterher hast, ist ein neues
ultraschallbild von unserem kind.

LUCY ja.

II. AKT

montagmorgen 2

LUCY ja, machen sie das bitte so. morgen auf meinem tisch. danke. guten morgen, silvester. können sie mir das briefing – alles in ordnung?

SILVESTER ähm. guten morgen.

LUCY was ist denn los, geht es ihnen nicht gut??

SILVESTER ja nein, um ehrlich zu sein, nicht.

LUCY was ist denn passiert?

SILVESTER die natalie ist tot.

LUCY ihre natalie? ihre enkelin? um himmels willen ...

SILVESTER ja.

LUCY und wie, ich meine, die war doch höchstens –

SILVESTER fünfzehn war sie, ja. suizid. sie hatte ihren inhalator genommen.

LUCY ach herrje. wieso hatte sie darauf zugriff?

SILVESTER meine tochter und ihr mann haben das ding nur in einer schreibtischschublade aufbewahrt, und offenbar hat sie das mitgekriegt, oder sie haben es ihr sogar mal gesagt ... naja, sie war die letzten wochen schon schwermütig, sie waren kurz davor, mit ihr zu einem psychologen zu gehen ... es gab wohl irgendwelche probleme in der schule, ich weiß auch nicht genau.

LUCY ja, und mit fünfzehn fühlt sich natürlich alles so groß und unüberwindbar an.

SILVESTER ja, genau. meine tochter und ihr mann waren samstagabend länger weg, und als sie wiederkamen, lag die natalie schon im bett, da wollten sie sie schlafen lassen. am sonntag wollten sie dann gemeinsam frühstücken eigentlich, und der tim, mein anderes – enkelkind, wollte sie holen, und der hat sie dann gefunden.

LUCY ach gott, schrecklich. gabs irgendeinen abschiedsbrief?

SILVESTER nein, das ist eigentlich das schlimmste, sie hat mit niemandem drüber gesprochen und sich von niemandem verabschiedet.

LUCY ja, das glaube ich gern. wie geht es den eltern?

SILVESTER schwer zu sagen, gerade regeln sie noch die beerdigung, haben damit genug zu tun.

LUCY das stelle ich mir schwierig vor, das für einen anderen zu organisieren, und noch dazu wenn dieser andere schon tot ist.

SILVESTER ja, das wird bestimmt keine fröhliche veranstaltung.

LUCY wann ists denn so weit?

SILVESTER ende der woche, vermutlich.

LUCY nehmen sie sich doch frei bis dahin, vielleicht können sie helfen. ich bin heute eh nur eine stunde da und gehe dann zum arzt.

SILVESTER ja, ich glaube, das wäre wirklich gut. ich danke ihnen, frau direktorin.

LUCY reden sie mal mit ihrer tochter. nicht dass die auch eine kurzschlussreaktion hat.

SILVESTER um ehrlich zu sein, habe ich gestern auch drüber nachgedacht.

LUCY also silvester, aber ich brauche sie doch noch.

SILVESTER ich weiß, sie meinen das freundlich, aber so etwas sagt man nicht, frau direktorin. bis nächste woche.

LUCY tut mir leid. bis nächste woche!

beim arzt

DR. ASCHE ja, sie hatte einen schon länger vereinbarten termin bei mir, eine routineuntersuchung während der schwangerschaft. sie kam rein und wirkte irgendwie –

LUCY guten morgen.

DR. ASCHE guten morgen! gehts gut? sie wirkte irgendwie erschüttert. fahrig, abgelenkt, das ist mir sofort aufgefallen, ja. auch weil sie eigentlich nicht der typ ist dafür, ich kenn sie ja nun schon ein bisschen länger, habe auch die schwangerschaft ihrer frau begleitet. und sie wirkte tatsächlich immer wie so eine macherin. so tough. schwer zu erschüttern. sie wirken bedrückt, alles in ordnung? ich bin dann auch jemand, ich sprech das direkt an. so. tacheles.

LUCY ach herrje, sieht man mir das an, ja?

DR. ASCHE hat sie gesagt. und kurz gelächelt dabei.

LUCY ich hab keine guten nachrichten bekommen gerade.

DR. ASCHE eigentlich interessant, dass sie das ausgerechnet so ausgedrückt hat. vor dem hintergrund, was da noch an schlechten nachrichten auf sie wartete. was ist denn passiert?

LUCY mein assistent, der – seine enkelin hat sich völlig überraschend suizidiert, mit fünfzehn und hat mit niemandem drüber gesprochen im vorfeld, und jetzt muss eben die familie die beerdigung für eine tote organisieren.

DR. ASCHE ach gott, ja. das ist natürlich tragisch. schlimm, wenn man keine möglichkeit bekommt, das leben nochmal durchzusprechen und sich zu bedanken. mir persönlich, ich muss es sagen, mir war das unangenehm, dass sie da so mitgenommen war davon. ich war peinlich berührt, ehrlich gesagt. sie kannte das mädchen ja nicht, höchstens vom sehen, und selbst wenn – der tod eines menschen ist nichts, was man meines erachtens so wichtig nehmen müsste oder sollte. sie hatte gelebt, und das war doch die hauptsache. aber sehen sies doch mal so: immerhin hat sie gelebt, fünfzehn jahre lang, und das war doch schön. und der tod gehört nun mal zum leben dazu.

LUCY jetzt klingen sie wie mein vater.

DR. ASCHE ha, ja, das tut mir leid, so möchte ich nicht klingen. wollen wir?

ich führte sie zum ultraschall, sie machte sich frei. der ultraschall war unauffällig.

sieht sehr gut aus, sehen sie? hier ist der kopf, da die arme ... aber das ist natürlich auch keine erkrankung, die man ohne weiteres im ultraschall sieht.

LUCY das freut mich.

DR. ASCHE so, jetzt brauche ich noch ein bisschen blut.

es gibt ein screening, das macht man eigentlich immer, da werden über kindliche dna im blut der mutter bestimmte genetische fehlbildungen ausgeschlossen, wie etwa trisomie 21. schon fertig. hier drücken bitte. ich gab die blutprobe direkt zur analyse, das ist heutzutage alles vollautomatisch. bin ich ihnen vorhin zu nahe getreten? sie sind jetzt so still.

LUCY nein, wirklich nicht. ist nur ein aufregender tag bislang.

DR. ASCHE so, dann schaun wir mal. ja, das sieht doch alles – ich habs eigentlich sofort gesehen.

oha. haben sie noch ein bisschen zeit?

schock

ÞRÚÐR bist du sicher?
pause.
LUCY er hat es so gesagt.
pause.
ÞRÚÐR und die prognose?
pause.

LUCY keine ahnung.

pause.

ÞRÚÐR was machen wir?

pause.

LUCY keine ahnung.

vater hilft

VATER tja, wie geht man damit um. das ist natürlich schon erstmal ein ganz schöner hammer. puh.

LUCY ja.

VATER und, was machst du?

LUCY naja, also – kurz gesagt: schwangerschaftsabbruch und
chemo.

VATER wie ist denn die prognose?

LUCY dazu ist es wohl noch ein bisschen früh, da kann man
noch wenig sagen.

VATER bist du sicher? chemo ist sehr anstrengend.

LUCY ich weiß.

VATER du wirst deine haare verlieren und abnehmen und so.
dich viel übergeben.

LUCY danke, papa.

VATER deine mutter wollte das nicht.

LUCY bitte, papa. ich – sprechen wir später.

VATER gut, bis später, liebes. aber ich hab das gespräch mit ihr
eigentlich als ganz gut in erinnerung, sie war sehr gefasst.

letzter tag im büro

sie betritt wieder das büro, ihr büro, langsamer, ohne kaffee, ohne den gestressten elan der vorherigen besuche. ihr sekretär wirkt entspannter.

LUCY guten morgen, silvester.

SILVESTER guten morgen, frau direktorin. wie geht es ihnen? kommen sie zurecht?

er wirkt ehrlich besorgt, als er ihr den mantel abnimmt.

LUCY danke, ja, wird schon werden. ich bin ja jetzt dann erst mal krankgeschrieben.

SILVESTER die hauptsache ist, dass sie wieder gesund werden.

LUCY wird schon. wie geht es ihrer familie?

er zögert nicht.

SILVESTER besser. ich glaube, wir sind auf einem guten weg.

LUCY das freut mich sehr zu hören. wie war die beerdigung?

SILVESTER ja, teilweise ungewohnt, aber dann doch gut. wir konnten natalies leben nochmal revue passieren lassen, und das war natürlich sehr schade, dass sie selbst das nicht kommentieren und feiern konnte. aber als dann ihre eltern an die reihe kamen, wars dann schon wieder besser.

LUCY gut. moment. heißt das, ihre tochter und ihr mann –

SILVESTER ja, natürlich. von so einer tragödie kann man sich nur schwer erholen. und bevor sie sich jetzt in diese dunkle zukunft begeben und damit ein bislang sehr schönes leben noch ruinieren, ist es wirklich besser, einen strich zu ziehen.

LUCY und – und ihr anderes enkelkind?

SILVESTER sie haben sich natürlich um alles gekümmert, der kriegt eine liebe familie, die haben sie noch ausgesucht. sind schulfreunde meiner tochter, bezaubernde menschen.

LUCY silvester … was erzählen sie mir da … um himmels willen …

SILVESTER frau direktorin, verzeihen sie, ich wollte sie nicht aufregen. schauen sie, mir geht es viel besser jetzt! ich hätte meine tochter nie mehr anschauen können ohne an natalie zu denken. es ist wirklich für alle das beste.

LUCY bitte ... entschuldigung ... gehen sie ...

krankenhaus 1

sie liegt auf einem gynäkologischen stuhl, ihre frau ist bei ihr, und ihr arzt. er breitet das tuch gerade wieder über ihre beine, steht auf und nimmt eine nierenschale, die er rausstellt.

DR. ASCHE so und das wars schon.

ich habe dann den schwangerschaftsabbruch recht zügig durchgeführt, durch aspiration, dann per curette noch ein paar gewebereste entfernt. ich will da jetzt gar nicht so sehr ins detail gehen.

þrúðr beugt sich über die frau, küsst ihre stirn.

ÞRÚÐR ich weiß noch, dass ich mir gedacht habe: du hast unser kind absaugen lassen. unser perfektes, gesundes kind ist gerade in einem staubsauger gelandet. bevor es überhaupt leben konnte. wenn ich mir vorstelle, dass bellerophon auch in einem medizinischen staubsaugerbeutel hätte enden können, wird mir ganz schlecht. mir aus dem leib hätte gerissen werden können wie unser kind jetzt dir aus dem leib gerissen worden ist. gesagt habe ich
schon vorbei, schatz. keine sorge.
und dann habe ich sie geküsst, und geweint habe ich nicht. geschrien und gekotzt auch nicht.

LUCY schon vorbei.

die frau – lucy – weint. ein bisschen.

DR. ASCHE ja, ich schlage vor, wir behalten sie direkt über nacht hier, und dann machen wir morgen früh mit der ersten runde chemo weiter, okay?

LUCY schon vorbei.

ÞRÚÐR ja, danke, so machen wir das. und ich erinnere mich an ein komisches gefühl. ich wünschte, ich hätte sauer sein können auf den arzt. ich konnte es nicht sein, das war ganz seltsam, ich konnte keine irrationale, befreiende, erleichternde wut entwickeln auf den mörder unseres kindes, ja, den mörder. ich weiß noch, dass ich das sehr schade fand, ich stellte mir das total angenehm vor, auf den mann jetzt sauer sein zu können. das ist komisch, nicht?

III. AKT

chemo 1

am nächsten vormittag. sie sitzt jetzt aufrecht in einer art sehr beque-mem sessel. über den venenzugang an ihrem arm läuft der inhalt eines beutels in ihren körper. sie sieht wieder besser aus als gestern. fit-ter. gefasster.

LUCY und wie lange wird das ungefähr dauern?

DR. ASCHE das läuft jetzt so durch, eine stunde etwa.

BELLEROPHON und das das das hilft gegen den krebs?

ÞRÚÐR ja, das hilft wahrscheinlich.

was hätte ich ihm auch sonst sagen sollen.

LUCY ich bin bestimmt bald wieder gesund, bel. keine angst.

ÞRÚÐR was hätte sie ihm auch sonst sagen sollen. sie kämpft ja auch für ihn.

DR. ASCHE ich komm dann einfach nachher nochmal, ja? klin-geln sie, wenn was ist.

um ehrlich zu sein war ich damals nicht besonders optimis-tisch. das chorionepitheliom war ziemlich aggressiv, weit verbreitet, die systemische dosis ebenso aggressiver zytosta-tika entsprechend hoch. mir war klar, dass das ein höllenritt werden würde. ja, ich hab mich auch gefragt, wieso sie sich das antut. aber gut, ist ja ihre sache, und die chancen standen nicht so schlecht, deswegen hab ich auch eine positive pro-gnose für die kasse geschrieben.

ÞRÚÐR ich war irgendwie auch stolz auf sie. auch wenn ich – nein, ich war stolz auf sie. punkt.

wir schaffen das. willst du n kaffee?

zuhause. haarausfall

lucy liegt auf dem sofa, eine decke über den beinen und liest. bel spielt neben ihr mit seinem plüschpferd. immer wieder streicht sie sich durch die haare, einzelne strähnen bleiben an ihren fingern hängen. ohne dass sie von ihrem magazin aufblickt, lässt sie die haare zu boden sinken. dann, einem plötzlichen impuls folgend, steht sie auf, geht ins bad, und schneidet sich mit einer schere die haare ab, so kurz sie nur kann. das dauert lang, ein langhaarschneider wäre wesentlich praktischer. aber so gehts auch. dann kommt þrúðr dazu.

BELLEROPHON hüü.

þRÚÐR brauchst du – soll ich dir helfen?

LUCY ...

BELLEROPHON hopp!!

þRÚÐR ich helfe dir. warte. du bist ja schon recht weit gekommen.

das ist schwer für mich. ich glaube, für viele menschen, die eine chemotherapie bekommen, ist das abschneiden der haare ambivalent, gleichzeitig ein moment der niederlage, des abschieds aus dem normalen leben, und andererseits ein moment der selbstermächtigung. man lässt sich von der krankheit nicht die hoheit über das eigene leben nehmen. zumal die haare ja nicht wegen der krankheit ausfallen, sondern wegen der therapie. der giftigen, giftigen therapie.

lucy rennt plötzlich zum klo und kotzt. sie ist insgesamt blass geworden. hat abgenommen. jetzt ist sie zehn tage auf chemo, die erste runde ist fast durch. sie kämpft.

þRÚÐR armer schatz.

wenn ich dir das abnehmen könnte, würde ich es tun. das denkt man da. sonst nichts besonderes.

BELLEROPHON brr.

besuch im büro

sie sieht besser aus, als sie das büro betritt.

SILVESTER frau direktorin, das ist aber schön, dass sie mal vorbeischauen. wie geht es ihnen?

der alte mann, gerade noch gedankenverloren, freut sich ehrlich, sie zu sehen –

LUCY guten morgen, silvester. ach wird schon. die chemo ist jetzt erst mal vorbei, nächste woche gibts dann wieder einen test und dann mal sehen.

SILVESTER das freut mich sehr. ich hab ein gutes gefühl.

er spielt.

LUCY ich auch, ehrlich gesagt. toi toi toi. wie gehts denn ihnen?

sie lügt. sie hofft.

SILVESTER gut, danke. ich freu mich jetzt auf die zeit, die vor mir liegt.

er verheimlicht etwas.

LUCY denken sie noch oft an natalie und ihre familie?

SILVESTER natürlich. aber ich bin dankbar, sie gekannt zu haben, und sie haben eine entscheidung getroffen, die ich von ganzem herzen respektiere. sogar natalie. sie war schon recht weit für ihr alter. ich bin sicher, dass sie sich der tragweite bewusst war. und daraus nehme ich viel kraft.

er lügt. aber eine sehr gute, wohlüberlegte, rundgeschliffene lüge.

LUCY das freut mich sehr. ich glaube, sie haben einen guten umgang mit dem tod.

sie lügt. sie lügen sich die ganze zeit an.

SILVESTER ja. ich stell ihnen ein briefing zusammen, ja?

LUCY gern, ja. ich wollte aber wirklich nur kurz vorbeischauen, bin weiterhin krankgeschrieben bis zur untersuchung. meine ärzte meinen, ich müsse mich schonen. aber zuhause fällt mir irgendwann auch die decke auf den kopf.

SILVESTER das kann ich gut nachvollziehen. was nicht heißen

soll, dass ich mich nicht auf den ruhestand freue. da wird mir schon auch genug einfallen, was es zu tun gibt.

er lügt immer noch. mit jedem wort, das er sagt. sie merkt das nicht. sie schließt die tür hinter sich, lehnt sich gegen die geschlossene türe, atmet durch.

zweite untersuchung

der blick des arztes enthält zum ersten mal ehrliches mitgefühl. und –

DR. ASCHE das ist nie leicht. und solche werte … ist schwierig. sag ich ganz offen. das kann man den patienten auch nicht vorenthalten.

ja, die testergebnisse. es sieht nicht so gut aus, ehrlich gesagt. das chorionkarzinom hat nur wenig auf die chemotherapie angesprochen, weniger als erhofft. und es gibt indizien auf metastasen in der leber.

unverständnis. sorge.

LUCY gut.

versteht sie, was ihr gesagt wird?

DR. ASCHE wollen sie – wollen sie weitermachen?

LUCY …

ist sie trotzig?

DR. ASCHE das fragt man schon an dem punkt, ja, ich frag das dann. das muss man fragen, finde ich. so verstehe ich auch mein berufsethos. hinzu kommt die verantwortung der gesellschaft gegenüber, den kassen. aber da war die prognose noch nicht so schlecht, einen zyklus konnte ich noch verantworten.

gut. dann machen wir morgen einen op-termin für die hysterektomie, die ist alternativlos jetzt, fürchte ich, und dann beginnen wir baldmöglichst mit dem neuen zyklus chemotherapie.

primum non nocere, erstens nicht schaden, heißts bei hippo-
krates, und eine weitergehende therapie beinhaltet eine mas-
sive vergiftung des körpers. da sind die grenzen fließend,
zwischen nutzen und schaden.

ÞRÚÐR ich musste kurz bel zur kita bringen, darum war ich
weg, als der arzt mit ihr gesprochen und ihr die – suboptima-
len testergebnisse mitgeteilt hat. aber ich hab das natürlich
sofort gemerkt.
hallo. wie ist die situation? wie machen wir weiter?

LUCY dr. asche meint, ich solle lieber gleich meine beerdigung
organisieren.

DR. ASCHE das hab ich so nun auch nicht –

LUCY sie haben mich gefragt, ob ich weitermachen will. was
ist denn die alternative? nicht weitermachen? das bedeutet
beerdigung organisieren, oder? wollen sie das? würden sie
das an meiner stelle tun? sie würden, ja, bestimmt, sie würden. oh ja. lebensqualität, nicht. sie würden nicht kotzen.
sie würden mit vollem haar auf der bahre liegen.

ÞRÚÐR lucy.

LUCY und dann mit vollem haar ins krematorium, nach einem
leben ohne starke schmerzen, ohne dauernde übelkeit, ohne
den entsetzlichen verlust der selbstständigkeit, ohne die de-
mütigungen des alltags mit dieser scheißdiagnose und dieser
scheißtherapie. sie sind ein so viel besserer mensch als ich,
doktor, so viel stärker. sie würden nicht auf kosten der anderen weiterleben. sie sind so toll. bravo.

ÞRÚÐR lucy. liebling.

LUCY ich verachte sie und ihre perfektion. und jetzt mache ich
einen termin, damit ich ihnen noch weiter zur last fallen
kann mit meiner schwachheit.
sie gehen zusammen ab.

DR. ASCHE nein, das – das sehe ich ganz professionell. sie ist natürlich in einer extremen ausnahmesituation, da bin ich le-

diglich projektionsfläche. kübler-ross hat da auch viel drüber geschrieben, mit den sterbephasen. das ist schon gut so, und da stehe ich auch drüber. allerdings würde ich das mir – und meinem umfeld – tatsächlich nicht antun. aber das muss jeder für sich selbst entscheiden.

zweite chemo

wieder der gepolsterte stuhl, wieder die infusion aus gift. noch stärkeres, schädlicheres gift diesmal. sie weint. sitzt da und weint.
ÞRÚÐR da kommt man irgendwann schon an grenzen. das ist – nicht einfach.
ach lucy. wenn ich dir nur irgendwie –
der geliebte mensch sitzt da vor dir und wird immer kränker, auch und gerade durch die medizin, die helfen soll. und ich denke, ich verstehe, dass sich das viele menschen einfach nicht antun wollen, insbesondere, wenn die prognose schlecht ist. und dass sie das ihren angehörigen nicht antun wollen. ich frage mich, ob ich will, dass sie stirbt. ob ich will, dass sie jetzt stirbt, um nicht zu erleben, was noch kommt. ich weiß nicht, ob ich das will. und ich sage ich weiß nicht, ob ich das schaffe.
und sie weint. und dann streichelt man weiter und versucht zu trösten, wo es vielleicht gar keinen trost gibt, und irgendwann ist der giftcocktail dann drin für heute, und dann nimmt man den geliebten menschen, das häuflein elend, diesen abgemagerten, eingefallenen haufen knochen unter bleicher haut, und bringt ihn ins bett und dann kauft man noch einen schokoriegel im automaten bei der cafeteria und weiß, dass sie den eh nicht bei sich behält, aber man muss versuchen, ein paar kalorien reinzubekommen. und dann nimmt der automat die münze zweimal nicht und beim dritten mal

verschluckt er sie, und dann bricht man vor dem scheißauto-
maten zusammen und heult und will selber sterben.
ich weiß nicht, ob ich das schaffe.
die andere kommt zurück vom snackautomaten, hat einen schoko-
riegel dabei. sie lächelt und versucht, ihre kranke frau zu trösten.

vater verstehts nicht.

VATER ich verstehs nicht.
zuhause. sie telefoniert mit ihrem vater. sie sieht nicht glücklich
aus. sondern sehr, sehr müde.
VATER ich verstehe es nicht. tut mir leid, ich verstehs nicht. du
bist jetzt in der zweiten runde chemo, es geht dir, wie du
sagst, beschissen, du leidest –
þrúðr fragt gestikulierend, ob sie hilfe braucht. lucy winkt ab,
þrúðr streichelt ihren kopf und küsst sie.
LUCY papa –
VATER du leidest entsetzlich unter der situation, deine frau leidet, dein kind leidet, warum tust du dir und deiner familie
dieses leiden an.
LUCY ich –
VATER nein wirklich, sag mal, würde mich sehr interessieren.
LUCY weißt, du, ich –
VATER hast du die hoffnung, dass es noch besser wird? wie stehen da deine chancen, realistisch betrachtet? 20 prozent?
10? 5?
LUCY papa …
VATER oder erhoffst du dir eine gegenleistung im paradies?
himmlische heerscharen, die dir zu deiner leidensfähigkeit
gratulieren? das irdische jammertal, das du durchschritten
hast, bringt dich jetzt auf die höchste wolke in der ewigen
glückseligkeit? ist es das?

LUCY hey –

VATER nein, ich weiß: leben heißt leiden. und wenn du besonders tapfer leidest, wirst du deinen mitmenschen als leuchtendes vorbild der selbstaufopferung gelten und damit eine bessere gesellschaft schaffen. weil man sich einfach zusammenreißen muss, und dann hält man sogar sowas durch. stimmts? antihedonistisch? asketisch?

LUCY ...

sie beginnt zu weinen.

VATER entschuldige. ich will dich nicht verspotten, tut mir leid. liebes, ich verstehe es halt nicht. woher kommt das auf einmal? du warst doch früher auch so klar, zielstrebig, realistisch. hat dich der tod deiner mutter so aus dem konzept gebracht? mädchen. dein sohn sieht, wie seine mutter so auseinanderfällt, wie sie abbaut, körperlich wie geistig. wie sie langsam und unter schmerzen verschwindet. das traumatisiert ihn doch. deine frau wird doppelt belastet durch deine pflege, und das wird immer schlimmer. und du wirst mit hoher wahrscheinlichkeit nicht mehr gesund, bitte, das weißt du. wenn ich an deiner stelle wäre, ich hätte schon längst den inhalator genommen und –

LUCY du stirbst aber nicht!! ich! ich sterbe!! herrgott, das ist mein tod!! jedes mal, wenn wir telefonieren, jedes mal, auch jetzt, wünschte ich, du hättest das, du würdest sterben!! wieso ich. ich frag mich immer, wieso ich, wieso nicht du? ich hab doch noch bel, muss mich um ihn kümmern, ich möchte ihn aufwachsen sehen! dir macht doch sterben nichts aus! du bittest darum, dein leben ist vorbei!! aber stattdessen sterbe ich. und nicht mal das kann ich richtig machen, nicht mal das passt dir. nicht mal das.

sie – nimmt den akku aus dem telefon und bricht weinend zusammen. ihre frau fängt sie auf.

IV. AKT

silvester ist tot

sie kommt wieder mal im büro vorbei, unangemeldet. sie hat sich wieder ein bisschen gefangen seit der letzten runde chemotherapie, wieder eine pause. sie erholt sich etwas. jetzt betritt sie das büro, sie hat eine schachtel pralinen dabei, die hat sie gerade noch für ihren assistenten besorgt. sie öffnet die tür zu ihrem vorzimmer und –
BAPTIST huch
LUCY huch? wer –
BAPTIST ah, guten morgen, frau direktorin. das ist aber eine überraschung, damit haben wir –
LUCY ja, guten morgen, ich wollte mal vorbeischauen, wo ist silvester? wer sind sie?
BAPTIST ich bin baptist, frau direktorin. ich bin der referent der marketingdirektion.
LUCY also mein referent.
BAPTIST wenn sie wieder zurückkommen, bin ich ihr referent, ja.
LUCY und wo ist silvester, mein alter referent?
BAPTIST ich kannte meinen vorgänger ja nicht, aber der ist letzte woche planmäßig verstorben.
LUCY er hat sich umgebracht?
BAPTIST *rümpft kurz die nase.* ich halte nichts von politischen kampfbegriffen, aber wenn sie das so ausdrücken wollen, ja.
LUCY wieso? wann? was hat er gesagt?
BAPTIST das weiß ich alles nicht, ich kannte den herrn, wie gesagt, nicht. aber –
LUCY ja?
BAPTIST ich weiß nicht, ob ich darüber reden sollte, aber was man so hört auf dem flur, hat er wohl den suizid seiner enkelin und das darauf folgende planmäßige versterben seiner tochter nicht verkraftet.

LUCY oh gott.

BAPTIST nun. ich finde das ja immer ein bisschen egoistisch, ihnen ihren suizid vorzuwerfen. als ob man andere menschen festhalten könnte. geradezu absurd, wenn sie mich fragen.

LUCY ja, sie fragt aber keiner.

dritte untersuchung

sie sind wieder im krankenhaus, im untersuchungszimmer. wieder kommt der arzt mit dem klemmbrett und einem laborbefund. sein blick –

LUCY ...

DR. ASCHE ...

ÞRÚÐR und?

dr. asche schüttelt den kopf. lucy beginnt zu weinen.

ÞRÚÐR jetzt sagen sie schon.

DR. ASCHE die metastasen in der leber sind gewachsen. außerdem gibt es jetzt weitere metastasen in der lunge und im gehirn.

ÞRÚÐR und was machen wir jetzt?

wie tapfer diese frau ist. auf ihre geschichte freue ich mich schon.

DR. ASCHE wir – nichts, es ist vorbei. wir können nichts mehr machen.

ÞRÚÐR unsinn. kommt überhaupt nicht in frage.

DR. ASCHE lucy, bitte, tun sie sich das nicht an. machen sie sich noch eine schöne zeit, zwei monate. fahren sie weg. planen sie ihre beerdigung. und dann gehen sie in würde, wie es ihnen zusteht.

plötzlich strafft sich die weinende lucy. sie wischt sich die tränen ab und ist ein mal mehr resolute managerin.

LUCY kommt überhaupt nicht in frage, sie haben meine frau

gehört. also, weiter gehts, was haben wir für therapeutische optionen?

DR. ASCHE bitte, nehmen sie ihren inhalator, genau dafür wurde er gemacht!

LUCY nix da. also was können wir machen.

DR. ASCHE äh, nicht, nicht viel. grundsätzlich können wir noch ein aggressiveres chemotherapeutikum nehmen, aber das wird teuer, und ich –

LUCY wieso teuer, ich hab lang genug in die kasse eingezahlt.

DR. ASCHE gute frau, die kasse zahlt das nicht mehr. ihre prognose liegt unter 15%, das übernimmt keine krankenkasse.

LUCY oh.

ÞRÚÐR macht nichts, wir zahlen das so.

LUCY nein, warte, da müssen wir schon noch mal reden.

ÞRÚÐR nichts müssen wir. das kriegen wir schon hin.

DR. ASCHE sind sie sicher? der abschiedsprozess kann –

ÞRÚÐR ja.

DR. ASCHE okay. gut, wie sie wollen. dann gehts morgen weiter. naja wir sind ja irgendwo auch ein wirtschaftsbetrieb, der gewisse dienstleistungen verkauft, zu einem gewissen grad, und wenn die kundin, also die patientin, etwas erwerben möchte, es sich leisten kann und medizinisch nicht unmittelbar was dagegen spricht, dann machen wir das auch. ist ja auch irgendwo ihre sache.

dritte runde chemo

also sitzt sie zum dritten mal zehn tage lang jeden tag eine stunde in diesem sessel, dem gepolsterten, eine weitere dosis gift fließt in ihre venen, und ihr körper kann das nicht mehr gut vertragen. am dritten tag schreit sie so laut, dass der arzt eine entscheidung trifft.

DR. ASCHE naja, ich bin ja trotz allem hauptsächlich mensch, und als solcher habe ich natürlich mitleid. und da ich außerdem arzt bin, darf ich primum non nocere, und dann hab ich nicht so viele möglichkeiten in gewissen extremsituationen. so, es reicht. ich kann das nicht mehr mit ansehen. das ist doch kein leben mehr.

ÞRÚÐR he was was soll das, was wollen sie.

DR. ASCHE wir brechen die »therapie« jetzt hier ab, und ich injiziere ihnen pentobarbital.

LUCY was was –

ÞRÚÐR was soll das, was macht das?

LUCY was was –

DR. ASCHE es schläfert sie ein. dann haben sie endlich den frieden, den sie sich selbst nicht geben können.

LUCY nein nein –

ÞRÚÐR wohl völlig verrückt geworden, lassen sie das – he hallo, hilfe.

ja, das war schon eine komische situation. heute kann ich fast drüber lachen, aber damals war das eine klare grenzverletzung. der meinte das nicht böse, er war einfach verzweifelt und dachte, er muss jetzt was tun. ich glaube eh nicht, dass er ihr das wirklich injiziert hätte. schwierige situation, für alle beteiligten.

spinnen sie, hallo hilfe, mord!

DR. ASCHE dann gehen sie! raus! verschwinden sie! gehen sie heim!

LUCY ja heim –

ÞRÚÐR der spinnt, komm los –

DR. ASCHE gehen sie heim und benutzen sie den inhalator! seien sie kein monster, geben sie ihr den inhalator!! bitte!!!

vater fliegt raus

sie sind zuhause und wirken ... friedlich. lucy geht es nicht gut. sie ist schwach, geschwächt von der therapie. ihr vater besucht sie.

VATER ja, gut gehts! im märz war ich helikopter-skiing, das war sehr schön. jetzt gerade komme ich von einer woche golfurlaub, ab nächster woche hab ich ne finka auf mallorca gebucht, wo ich endlich einen tauchschein machen will und vielleicht kitesurfen. tatsächlich eine spannende zeit, ja, mit interessanten leuten.

BELLEROPHON opa opa opa.

ÞRÚÐR das klingt gut. kann ich dir was anbieten?

BELLEROPHON opa opa opa.

VATER wasser, danke. oder eine kleine johannisbeerschorle, wenn du hast? wie gehts lucy? shh bel. ja toll!

BELLEROPHON :)

LUCY kannst mich auch selber fragen. hallo, papa.

VATER oh entschuldige, ich dachte, du würdest schlafen. hallo, meine kleine!

LUCY ja nicht so gut, ehrlich gesagt.

VATER ja, das sieht man auch.

ÞRÚÐR hier, bitte. alles okay?

LUCY ja. kann ich auch so eine johannisbeerschorle ...?

ÞRÚÐR klar.

VATER was gibts denn da zu grinsen? das ist sehr gesund. voller antioxidantien.

LUCY die verhindern krebs, stimmts. prima. kann ich brauchen.

BELLEROPHON ich will auch.

ÞRÚÐR ich mach dir auch eine.

plötzlich wird lucy wieder übel, sie übergibt sich in einen hastig ge-griffenen eimer, trifft nicht ganz. vater springt auf. bellerophon weint.

VATER herrgott, lucy ...

was ist das in seinem blick. sorge? wut? eigentlich wut. oder fast …
enttäuschung.

ÞRÚÐR komm, ich mach das weg. bel? willst du schokolade?

BELLEROPHON :(ja :(

VATER herrgott, lucy.

LUCY was.

VATER mein kind. dein sohn. jeden tag sieht der dich so. und jeden tag wirds schlimmer. seine starke mutter so schwach.

LUCY was soll das heißen.

VATER du nimmst deine verantwortung nicht wahr, das soll das heißen. als mutter nicht und als ehefrau auch nicht. die arme þrúðr arbeitet sich krumm mit der doppelbelastung, nein vierfachbelastung von ihrer arbeit, deiner pflege, haushalt und kind. alles allein. du hilfst nicht. ich weiß, du meinst das nicht böse, kind, aber du hilfst halt nicht. kannst du ja auch nicht, so krank wie du bist. und jetzt erlebt dein kind jeden tag mit, wie seine mutter schwächer und kränker wird, wie seine andere mutter sich kaputtarbeitet in dem versuch, dir eine last abzunehmen, die dir niemand abnehmen kann. nur du dir selber. nimm deine mutter zum beispiel. ich hatte wunderbare jahre mit ihr, wir hatten wunderbare jahre zusammen! und dann ist sie gestorben. was klar war, dass das passieren würde. aber es ist eben so passiert, in würde, selbstbestimmt, und nicht über monate oder jahre, langsam, qualvoll, teuer, anstrengend. und jetzt fahr ich nach spanien und wales, statt deine mutter, die nicht mehr deine mutter gewesen wäre!, aus dem pflegebett zu heben und zu wickeln. wir hatten die bilder gesehen, es war uns beiden völlig klar, dass wir das nicht wollten, wickeln, füttern, vorm fernseher dahindämmern. ich konnte mich von meiner geliebten frau so verabschieden, wie ich sie kennengelernt habe, stark, schlau, selbstbestimmt. und sie war noch sie selbst, als sie ging, von niemandem abhängig, war noch

136

mensch, nicht gemüse. auch dir hat sie das bild des siechtums erspart, den verfall, den langsamen, quälenden abschied. durch ihre stärke bist du nicht traumatisiert worden. und jetzt überleg mal, was du deinem sohn antust. sein urvertrauen, die überzeugung, dass seine mutter unkaputtbar ist, diese sicherheit, die er braucht für sein leben, die nimmst du ihm, jeden tag aufs neue! er weint, wenn er sieht, wie schlecht es dir geht. du machst dein kind traurig. herrgott lucy, ich liebe dich, bitte, bitte, bitte! sei erwachsen und triff eine erwachsene entscheidung. du wirst nicht mehr gesund. hier kommt nichts mehr. deine reise ist zu ende. bitte zwing uns allen das nicht noch auf.

lucy weint, leise. zerstört. þrúðr ist bei den letzten sätzen reingekommen. kontrolliert mühsam ihren zorn.

þRÚÐR du gehst jetzt besser.

VATER nein ich wollte –

þRÚÐR raus.

lucy gehts besser

einige tage vergehen, lucy erholt sich gut von der akuten belastung der chemotherapie. lucy und ihre kleine familie machen einen ausflug auf einen nahe gelegenen berg.

LUCY schön hier.

þRÚÐR wirst sehen, das nächste mal, wenn wir hier sind, fahren wir nicht mit der seilbahn, sondern gehen zu fuß hoch.

sie sitzen in der kabine einer seilbahn, nur sie drei.

BELLEROPHON aber da müssen wir vorsichtig sein, nicht dass mir dann die beine weh tun.

þRÚÐR ja, da passen wir dann schon auf.

LUCY wirklich, ein schöner tag. ich bin sehr froh, dass wir rausgegangen sind.

sie sieht auch wirklich viel besser aus. ihre haare wachsen wieder.
sie hat ein bisschen zugenommen. ihre haut hat mehr farbe. fast
wirkt es –
ÞRÚÐR ich bin sehr, sehr froh, dich zu haben, weißt du.
LUCY ja.
BELLEROPHON ich will was essen.
und das ist eigentlich eine meiner lebhaftesten erinnerungen
an meine mutter lucy. als wir da diesen ausflug gemacht
haben. ich kann nicht alt gewesen sein, vielleicht 3 oder 4,
und ich erinnere mich gut, wie ich auf dieser bank der schau-
kelnden seilbahn knie, aus dem heckfenster nach unten
schaue und mich dann umdrehe, zu meiner mutter lucy, die
mir gegenübersitzt. sie blickt in die abendsonne, die aus dem
fenster in der tür in die kabine scheint. dann nimmt sie die
sonnenbrille ab und den strohhut – den habe ich heute
noch, den bekommt meine tochter – und blinzelt ins licht.
dann dreht sie ihren kopf zu mir und lächelt mich an. ich
sehe ihren schönen mund, die grünen augen, ihre kurzen
haare in der sonne. und ich bin so verliebt in sie, dass mein
herz fast platzt. ich fühle mich so geborgen, in der kabine,
in der natur, aber auch gerade durch meine wunderbaren eltern. das gefühl ist so stark, wenn ich diese erinnerung abru-
fe. ich hatte vor nichts angst. ich hatte nichts zu befürchten,
alles würde immer gut werden. meine mütter würden darauf achten. jetzt, retrospektiv ist mir natürlich bewusst, wie
kindlich naiv diese haltung war, aber immer noch ist dieses
gefühl in mir so stark, so präsent. ich hatte nie den hauch
eines zweifels, dass meine mütter mich für alle zeiten verteidigen und schützen würden. ich hatte nichts zu befürchten,
solange ich bei ihnen blieb. wunderbare menschen, alle beide.

plötzlich blut

nachts schreckt þrúðr hoch, lucy hatte sich gerade neben ihr ins bett
übergeben.

þRÚÐR schatz, ist dir schlecht? wart, ich hol n eimer.

LUCY ich weiß auch nicht, irgendwas komisches –
sie macht das licht an, und die dunklen flecken erbrochenes erstrah-
len in intensivem, tiefem rot.

LUCY oh gott ich oh ist das alles um himmels willen hilfe

þRÚÐR ich oh nein ich krankenwagen krankenwagen telefon
ich glaube, ich bleibe erstmal hier.

V. AKT

noch zwei wochen

am frühen morgen im krankenhaus. lucy liegt im krankenbett, þrúðr steht daneben, der kleine bel schläft im bett nebenan.

DR. ASCHE jetzt beginnt der letzte akt, fürchte ich. *lucy schließt die augen, þrúðr hält ihre hand. sie sieht den arzt weiter unverwandt an.*

DR. ASCHE das ... nun, sie haben innere blutungen, die wir erstmal gestoppt haben. aber die metastasen sind eben schon weit fortgeschritten. wir haben da auch nicht viel erfahrung, ehrlich gesagt. wir kommen kaum mit solchen fällen in kontakt. in ihrem körper fällt nun ein system nach dem anderen aus. entgiftung, atmung, steuerung fährt nach und nach runter. es tut mir leid.

von einem rein medizinisch-wissenschaftlichen standpunkt aus ist das natürlich hochinteressant. das war ein wirklich seltener fall, ein derartig unverfälschter sterbeprozess, das zu beobachten, zu begleiten eine große chance. aber aus individuell-moralischer sicht natürlich eine katastrophe und in hohem maße unethisch. sie litt sichtbar entsetzliche qualen, sowohl physisch als auch psychisch. allerdings hatte sie eine deutliche, wenn auch kontroverse aussage getätigt bezüglich der weiteren therapiewünsche, und an die waren wir gebunden.

ÞRÚÐR können sie ... können sie etwa abschätzen, wie lange – wann wird sie etwa –

DR. ASCHE das ist ehrlich schwer zu sagen, wir haben, wie gesagt, da keine wirkliche erfahrung. ein monat würde mich ehrlich wundern. rechnen sie mit zwei wochen, etwa.

LUCY noch zwei wochen zu leben.

DR. ASCHE das ist gerade genug zeit, um eine einigermaßen

140

vernünftige beerdigung zu organisieren und sich von ihren freunden zu verabschieden. ich schlage vor, sie nutzen diese zeit.

LUCY das möchte ich aber nicht.

DR. ASCHE wie bitte?

ÞRÚÐR lucy –

LUCY ich danke ihnen sehr für ihre bemühungen, für ihr mitgefühl. auch dir danke ich sehr, liebe þrúðr. ihr kümmert euch gut um mich. danke schön. aber ich möchte nicht. ich möchte noch nicht gehen. ich will nicht. ich möchte nicht sterben. ich will nicht. ich will nicht sterben. bitte. ich möchte nicht sterben. bitte lasst mich nicht sterben. ich will nicht sterben. hallo. bitte nicht. ich bin nicht so weit. ich will nicht sterben. ich kann noch nicht sterben. nur ein jahr noch. bitte. ich kann noch nicht sterben. ich kann noch nicht gehen. bitte nicht. ich will bitte noch nicht sterben. ich lebe doch so gern. ich will noch mehr erleben. noch mehr sehen. bitte nicht. hört ihr mich? hören sie, doktor? bitte lassen sie mich noch nicht sterben. ich kann nicht sterben. ich bin nicht so weit. ich bin noch nicht fertig hier. bitte nicht. ich will mein kind noch nicht verlassen. ich meine das ernst. bitte lasst mich nicht sterben. bitte. nur bis bel eingeschult wird. oder bis er allein zum bäcker geht. versprochen. ein bisschen noch. ich. kann. noch. nicht. gehen. bitte lasst mich noch hier. nur noch ein jahr. noch einmal bergwandern im frühling. hm? neun monate. oder wenigstens bis weihnachten. ein letztes weihnachten. ja? ein mal noch schnee. bitte. ich bin noch nicht fertig hier. hallo. wirklich. bitte. ich meine das ernst. helft mir bitte.

nachdem er einige augenblicke betreten zu boden geschaut hat, verlässt der arzt das zimmer. þrúðr liegt über ihrer gattin und schluchzt.

BELLEROPHON mami?

krankenhaus

*þrúðr ist mit bellerophon zur kantine gegangen. lucy ist allein mit
dem arzt.*

DR. ASCHE erklären sie mir bitte nochmal, warum sie das machen.

LUCY ich – ich kann nicht anders, ich kann nicht sterben.

DR. ASCHE sie wollen nicht sterben.

LUCY niemand will sterben, glaube ich. alles, was lebt, will leben. darum gibt es das leben.

DR. ASCHE das ist aber nicht ganz richtig. zellen in unseren kör-
pern sterben permanent, damit der gesamtorganismus am
leben bleibt und sich weiterentwickelt.

LUCY ich bin aber keine zelle in einem gesamtorganismus.

DR. ASCHE na ja, wenn man das gesellschaftlich betrachtet, halt
schon.

LUCY das hat doch keine gesellschaftliche auswirkung, ob ich
sterbe oder lebe.

DR. ASCHE so wie sie leben, hat das schon auswirkungen. sie
sind nicht produktiv, sie kosten.

LUCY ich will niemandem zur last fallen –

DR. ASCHE und doch tun sie es. ob sie wollen oder nicht. sie fallen ihrer frau zur last, ihrer familie, die sie unterstützt, ob sie
will oder nicht. letztlich der gesellschaft. sie haben keine perspektive mehr, und keinen akuten nutzen für die gemeinschaft. sie sind ein luxus, sozusagen, den man sich zwar momentan vielleicht leisten kann, aber es ist nicht gesagt, dass
das immer so ist.

LUCY ich –

DR. ASCHE ich möchte nicht sagen, dass sie das falsche tun oder
dass sie egoistisch handeln, aber es fällt mir ehrlich ein bisschen schwer, das anders zu sehen. das kann ihnen natürlich
eigentlich kein außenstehender sagen, das verbietet die höf-

lichkeit und die anteilnahme. eigentlich müssten sie das selbst erkennen. sie sind zum aktuellen zeitpunkt leider nur noch ein kostenfaktor für uns alle. das klingt jetzt ziemlich hart, aber denken sie es durch, es ist nun mal wirklich so. wir, als gesellschaft, können keinen nutzen mehr aus ihnen ziehen. ihre frau zieht keinen nutzen mehr aus ihnen, es gibt keine gemeinsame perspektive, keine zukunft mehr, in die man investieren könnte. ihr sohn wird lediglich jeden tag aufs neue traumatisiert, möchte seiner offensichtlich leidenden mutter sicher helfen und kann es nicht.

sie haben offenbar ihre entscheidung getroffen. ich will ihnen auch gar nicht reinreden. aber es ist eben keine verantwortliche entscheidung, und das dann noch zu begründen mit einem biologistischen »was lebt, will leben« entwertet eigentlich alle gesellschaftspolitischen errungenschaften unserer spezies.

sie werden sterben, bald, hässlich, schmerzhaft und würdelos, und sie sollten bereits tot sein, von eigener hand, in würde, und sie wissen das alles.

in dem moment, in dem er diesen satz sagt, passiert etwas interessantes. lucy hat ihren blick abgewandt wie ein ausgeschimpftes schulmädchen, ein bisschen trotzig. der arzt wendet sich zum gehen. und obwohl sie sicherlich nichts gehört hat, nichts gehört haben kann, verpasst die durch die tür kommende þrúðr dem arzt einen rechten haken, der ihn zu boden schickt.

bettlägerig

sie liegt jetzt in einem pflegebett, zuhause. gut sieht sie nicht mehr aus. es geht doch recht schnell, jetzt.

þRÚÐR so. halt dich mal richtig fest. prima. und ... hoch.

þrúðr wäscht sie gerade. sie hat sie aufgesetzt, zieht ihr das nachthemd über den kopf.

ÞRÚÐR prima. ist das wasser okay?

LUCY ja.

lucy wirkt abwesend, wie als würde sie angestrengt über etwas nachdenken. worüber?

LUCY nichts.

ÞRÚÐR bitte? hast du was gesagt?

LUCY nein.

interessant.

ÞRÚÐR so, schon fertig. schau mal, ist die bluse okay?

LUCY ...

ÞRÚÐR ja? nein? schatz?

LUCY ...

ÞRÚÐR okay, ich nehm das als ja. die ist sehr schön, zumindest.

þrúðr bringt das wasser ins bad zurück.

lucy sieht schön aus. aber sie ist auch sehr schmal, dünnhäutig, eingefallen, innerhalb von ein paar tagen.

LUCY ich kann dich hören, weißt du.

das geld geht zu ende

lucy liegt im bett. wie immer, dieser tage. sie ist nicht mehr richtig da.

ÞRÚÐR nein, es geht ihr – sie ist in guten händen. nett von dir, dass du anrufst.

VATER ich komme nächste woche nochmal vorbei. das reicht doch noch? dass es jetzt doch so schnell geht, hat mich ehrlich gesagt ein bisschen überrascht, in meiner urlaubsplanung.

ÞRÚÐR gönn dir das ruhig. karibik wäre ich jetzt auch gern, lucy sicher auch.

þrúðr telefoniert mit lucys vater; und versucht währenddessen ihr etwas kuchen zu geben. lucy wirkt allerdings nicht hungrig.

VATER du, hör mal, ich hab nachgedacht. du hattest ja ganz

schöne ausgaben, das bett und der verdienstausfall und die
therapie und so. ich war ungerecht zu euch, und das tut
mir sehr leid. ich möchte helfen so gut ich kann. ich hab
dir 25 000 € überwiesen.

ÞRÚÐR das ... wow. vielen dank.

VATER nicht der rede wert. ich kann mir das schon leisten, und
euch hilfts. mich hat das irgendwie nicht losgelassen, meine
letzte begegnung mit ihr, der streit. ich hatte mich meinen
eigenen grundsätzen gegenüber falsch verhalten. nicht in bezug auf die aussage, dass man sich beim sterben helfen lassen
sollte – dazu stehe ich weiterhin, und ich werde das selber
auch ohne zu zögern so leben –, sondern im hinblick auf
meinen umgang mit meiner tochter. ich hätte sie nicht so
anfahren dürfen. und um ihr jetzt meine unterstützung zu
zeigen, erschien mir diese geste nur sinnvoll. ich kann es
mir allerdings auch leisten, ehrlich gesagt. und dann machte
ich halt eine weltreise weniger.

lucy verschwindet

*die tage sind jetzt gleichförmig für lucy. wachen und schlafen gehen
ineinander über. sie wird gewaschen, angezogen, ausgezogen. gewi-
ckelt, auch das ist jetzt so. aber sie versucht, ihre würde zu bewahren.
häufig hört sie radio. manchmal ist sie so wach, dass sie versucht zu
lesen.*

LUCY meine augen sind nicht mehr so gut.

was ist dir wichtig?

LUCY zu sein.

*sie liegt im bett, das kopfteil leicht aufgerichtet. jetzt zieht sie sich
mit dem haltegriff etwas nach oben.*

LUCY warum beschreibst du alles?

ich beschreibe nicht.

LUCY ich kann dich jetzt auch sehen. ich sehe dich. am fußende meines bettes.

deine augen sind doch nicht mehr so gut.

LUCY vielleicht –

sag es.

LUCY vielleicht finden sie mittlerweile einfach andere dinge interessanter.

das kann sein. sie greift nach einem wasserglas neben ihrem bett.

LUCY du machst mir keine angst.

du brauchst auch keine angst zu haben. plötzlich kommt þrúðr in den raum.

ÞRÚÐR du, da hat ein filmteam angerufen. die haben von dir gehört.

mediale rezeption

sie sitzen jetzt am wohnzimmertisch, þrúðr und der autor. lucy liegt im hintergrund im bett.

AUTOR vielen dank nochmal, dass ich hier sein darf. schön, dass sie zeit haben für mich.

ÞRÚÐR ja gern. ist ja auch für mich schmeichelhaft, wenn ich ehrlich bin. ich mach das ja nicht für die öffentlichkeit oder so, ich habe auch kein politisches anliegen.

LUCY erzähl mir, was passiert.

sie trinken tee. sie reden über politik.

AUTOR das finde ich spannend. sie sagen, es sei keine politische handlung –

ÞRÚÐR das habe ich nicht gesagt. ich habe gesagt, ich habe kein politisches anliegen.

AUTOR natürlich, das ist ein unterschied. aber warum machen sies dann, wenn ich fragen darf?

LUCY was für eine komische frage.

AUTOR hat ihre frau grade was gesagt?

ÞRÚÐR die sagt häufiger was, aber ich fürchte, wir können nicht mehr mit ihr sprechen.

sie blicken lang zu lucy.

ÞRÚÐR also, warum ich das mache. tja. weil ich sie liebe. sie kämpft. sie ist stark. ich will auch so stark sein.

AUTOR ist das okay für sie, dass sie diesen weg geht?

ÞRÚÐR natürlich.

AUTOR würden sie sich auch so entscheiden, an ihrer stelle?

ÞRÚÐR ehrlich gesagt, ich glaube nicht. ich würde den einfachen weg wählen.

irrelevant. einfach oder schwer, am ende –

LUCY stehst immer du.

so ist es. der autor macht sich notizen.

AUTOR interessant. das ist spannend. aber es ist ja grade der widerspruch zu dem vermeintlichen oder tatsächlichen gesellschaftlichen konsens, der mich interessiert. ich glaube, da kann man einiges rausziehen.

ÞRÚÐR was genau haben sie vor?

AUTOR ich würde ihre geschichte nacherzählen wollen, wahrscheinlich, wie gesagt, für eine fernsehdokumentation, und anreichern mit o-tönen, okay? von ihnen, wenn sie mögen, von ihrem behandelnden arzt, von lucys vater und so weiter. was macht ihre entscheidung mit ihrem umfeld. was passiert mit ihren freunden, ihrer ehefrau, ihrem sohn, ihrer familie, durch diesen ungewöhnlichen weg. das sind die fragen, die mich beschäftigen.

lucy schläft wieder ein.

letztes gespräch

mehrere tage vergehen in der trostlosen eintönigkeit, die jetzt lucys leben ist. es ist schwer, es ist traurig, der sohn ist nicht mehr da, sondern in kurzzeitpflege, es ging nicht mehr.

LUCY kurzzeitpflege. was es alles gibt. kannst du mir versprechen, dass es bel ohne mich gutgeht?

ich kann dir nur eine sache versprechen.

LUCY das möchte ich nicht hören.

ja, niemand möchte das. ihr haltet das für einen fluch. dabei ist das gegenteil der fall.

ÞRÚÐR schatz, bist du wach?

LUCY ich verstehe die menschen nicht. wieso nimmt man sich sein eigenes leben.

ÞRÚÐR ich weiß nicht, ob du mich hören kannst. wahrscheinlich kannst du mich nicht hören. du bist eigentlich schon nicht mehr da, stimmts? ich wasche dich, jeden tag, ich versuche dich zu füttern, ich gebe dir zu trinken. ich wickle dich. aber das ist auch nicht mehr so schlimm. weißt du eigentlich, dass ich dich getötet habe? hast du das, kriegst du das noch mit? schmerzen hast du nicht, da bin ich ziemlich sicher. aber spürst du ein unangenehmes gefühl? durst? hunger? nein, wahrscheinlich nicht. ich hab dich getötet, schatz. du hast dich geweigert, den leichten tod zu nehmen, den schönen tod, den schnellen tod, und hast dich für den schwierigen, den langsamen, den hässlichen tod entschieden.

nicht tod. sterben. tod ist immer hässlich, furchtbar, schrecklich.

LUCY ich finde dich gar nicht mehr so schrecklich.

das ist genau der punkt. ·

ÞRÚÐR wahrscheinlich hätte man noch was rausschinden können bei dir, wenn man dir eine peg-sonde gelegt hätte. zur ernährung. du kannst vor allem deshalb nicht mehr richtig schlucken, weil ein bestimmter bereich deines gehirns zer-

stört wird vom tumor. dein körper würde es vielleicht noch
ein paar tage oder wochen länger machen. aber weißt du was.
darauf hatte ich keine lust mehr. nicht egoistisch, tatsächlich,
hoffe ich zumindest, sondern weil ich glaube, dass du das
nicht gewollt hättest. ich hab für dich entschieden. du bist
weg. jetzt fühl ich mich ein bisschen wie der witz mit dem
bösen onkel und dem kleinen mädchen, wo er sagt, »na
was soll ich erst sagen, ich muss dann« – nein, sie sagt »ich
hab angst im dunkeln«, und er sagt dann, »was soll ich erst
sagen, ich muss allein zurück.« so wars. der ist eigentlich
gar nicht witzig. aber so fühle ich mich. du bist bald tot, richtig tot, noch bist du körperlich da. aber ich muss deine beerdigung planen. allein, ganz komisches gefühl.
du bist die liebe meines lebens. und jetzt stirbst du, wahrscheinlich lang vor mir. und unser kind bleibt bei mir, allein.
das ist nicht schlimm. nur furchtbar. ich hab solche angst.
aber es wird weitergehen. ich liebe dich so sehr. danke für
die zeit, die wir hatten.

LUCY sie kann mich nicht mehr hören.

nein.

LUCY ich hatte ein gutes leben, oder?

warst du glücklich?

LUCY ja.

siehst du.

ende

in der folgenden nacht, um 3:34. komm, es ist zeit.

LUCY ich hab gar keine angst mehr.

das spielt keine rolle.

LUCY du siehst schön aus.

ich sehe gar nicht aus.

LUCY was bleibt?

die liebe. in deiner interessanten, selbstlosen, starken frau bleibt die liebe zu dir. wenigstens einige jahre. wahrscheinlich für den rest ihres lebens. und in deinem sohn. er wird vieles vergessen, aber du hast ihn geprägt in diesen jahren. das bleibt, bis auch sie gehen.

LUCY das hab ich mir gedacht. oder erhofft. ich hab gar keine schmerzen mehr.

das macht das morphium.

LUCY egal. hey, kann man nicht mit dir noch karten spielen, um ein paar tage? meine unsterbliche seele?

das ist ein mythos.

LUCY was, das mit dem spiel oder das mit der unsterblichen seele?

SWEET DREAMS ..

Auf der Suche nach Relevanz

In Konstantin Küsperts Stücken geht es um etwas: zum Beispiel um »rechtes denken«
Von Franz Wille

Auf Vimeo gibt es einen zwei Jahre alten Clip von Konstantin Küspert, aufgenommen im medizinhistorischen Institut der Berliner Charité, wo er sich vor einer alten, badewannengroßen eisernen Lunge in Begeisterung redet. Mit seinem schwarzen Pullover, schwarzem Schlips zum weißen Hemd und der eckigen Randlos-Brille sieht er darin aus wie ein jung-dynamischer Bestattungsunternehmer. Dabei geht es ihm eher um das Gegenteil. Er könne sich gut vorstellen, meint er bestens gelaunt, dass man in Zukunft mal mit ein paar unter die Haut gepflanzten Chips o. Ä. »die Beschränkungen des menschlichen Körpers transzendiert und in eine neue Stufe menschlicher Existenz eintritt«. Und beim Blick auf ein paar daneben ausgestellte Hautpräparate mit besonders malerischen Tattoos fügt er ganz beiläufig an, dass ihn der Körper als Designobjekt schon immer interessiert habe.
Dabei schlenkert er sichtlich amüsiert mit dem rechten Arm, auf dem nicht zu übersehende, sorgfältig konstruierte Rechtecksmuster unter dem Ärmel vorleuchten. Die sind allerdings keineswegs nur Deko, sondern »physische Repräsentationen von Veränderungen in meinem Leben«. Er habe schon mit 18 Entscheidungen treffen wollen, die Konsequenzen haben, auch schmerzhafte, und sei es am eigenen Körper. Der 1982 geborene Sohn eines Juristenehepaars aus Regensburg wollte Spuren hinterlassen. Auch wenn er heute keine Ahnung mehr hat, wofür die Zeichen stehen, wie er lachend gesteht.
Konstantin Küspert ist kein Fortschrittsskeptiker, kein düsterer Modernisierungsverächter und bestimmt auch kein Natur-

freak, obwohl er sich vegetarisch ernährt und auch keinen Alkohol trinkt. Auch seine durchgehend schwarze Kleidung muss man eher praktisch verstehen: »Das erspart mir das Nachdenken, ob die Sachen farblich zusammenpassen.« Aber er gibt sich einfach nicht gern mit kleinteiligen Privatdramen ab: »Mich interessieren keine Geschichten von 18-Jährigen, die ihre ostdeutsche Provinz verlassen müssen und dann finden sie den toten Torsten im Sumpf.« Es muss schon um mehr gehen im Theater des Konstantin Küspert, und jedes Künstlergetue ist ihm sowieso suspekt: »Ich habe das Bedürfnis nach Relevanz.«

»mensch maschine«

In »mensch maschine«, seinem ersten größeren Stück, auf das sich der Vimeo-Clip bezieht, geht es um einen Neurochirurgen, der ausprobieren möchte, ob man ein menschliches Gehirn wirklich à la »Matrix« in eine Nährlösung legen und ihm die Außenwelt per Computer einspielen könne. Der Versuch scheitert, allerdings nicht so sehr am Menschlichen: Die Rechner sind nicht gut genug. Die Uraufführung vor zwei Jahren in Regensburg litt allerdings eher unter traditionellen Theaterproblemen. Forciertes Bühnenkabarett um einen dämonischen Dr. Mabuse, das den Stoff in eher kleinteilige Schnittmuster zerlegte.

Danach folgten erst mal zwei Jahre unfreiwillige Schreibpause. Unfreiwillig deshalb, weil auch das für die Schreibarbeit auf 75 Prozent reduzierte Engagement als Dramaturg am Staatstheater Karlsruhe konzentriertes Arbeiten an einem neuen Stück nicht zuließ. Selbst 75-Prozent-Stellen füllen zu mehr als 100 Prozent aus, gerade wenn man sich wie Küspert in besonders arbeits- und rechercheaufwendige Projekte stürzt wie Jan-Christoph Gockels NSU-Projekt »Ich bereue nichts« oder eine Dramatisierung von Hesses »Glasperlenspiel«. Aber den Betrieb kennenzulernen, der mit hoher Schlagzahl rotiert, den »Horror des Tagesgeschäfts«, in dem es jeden Abend eine dramaturgische Stückeinführung gibt, wo die künstlerischen Freiräume schrumpfen, wenn vor allem Belastbarkeit und Kunsthandwerk gefragt sind – das sei eine wichtige Erfahrung gewesen nach dem Studium, in dessen Fächerwahl er eher zufällig hineingestolpert sei.

Die drei Düffels

Er hat sich damals nach einer offenbar nicht sehr lustigen Schulzeit und einer Phase »völliger Ziel- und Interessenlosigkeit« für Germanistik, Philosophie und Politik entschieden: »Danach gings bergauf.« Auf das Studium in Regensburg und Wien folgten vier Jahre »Szenisches Schreiben« an der Berliner Universität der Künste: »Von den acht Leuten in meinem Jahrgang kamen sieben vom Theater. Die waren alle sehr handfest. Und die achte ist dann nach Leipzig ans Literaturinstitut gegangen, wo sie sich wohler gefühlt hat.« An der UdK war vor allem John von Düffel sein Lehrer, dessen konzentrierte Zuwendung und Ansprechbarkeit er in hohen Tönen lobt. Auch wenn er bis heute nicht so genau weiß, mit wem er da eigentlich geredet hat, denn nach Konstantin Küsperts bescheidener Meinung müsse es mindestens drei gleichzeitige John von Düffels geben, die dessen Arbeitspensum bewältigen.

Die Theaterpraxis hat immer eine wichtige Rolle gespielt für Konstantin Küspert. Von der ersten Begeisterung, die ein eindrucksvoll Gitanes rauchender und leider »relativ zügig« an Lungenkrebs verstorbener Deutschlehrer mit einer »Nashörner«-Inszenierung entfacht hat, über eigene Regieerfahrungen im Regensburger Theaterjugendclub oder eine neunmonatige

Probenarbeit mit Claudia Bosses Theaterkombinat in Wien, von der er noch heute schwärmt: »Supercrazyavantgardistischesundnahezuhermetisches Theater, aber die Hingabe, die diese Leute an eine Produktion verwenden, habe ich nie wieder erlebt. Wir haben ›Coriolan‹ probiert im November in einer ungeheizten alten Eisenbahnremise, und eine Tänzerin hat bei vier Grad anderthalb Stunden nackt auf Steppschuhen auf dem Beton rumgetanzt. Großartig, aber irrsinnig wenig nachhaltig.« Jedenfalls ist dort die Entscheidung gereift, besser nicht selbst zu spielen oder Regie zu führen, nicht »das alles überblickende Kommunikationszentrum einer Produktion« sein zu wollen, sondern zu schreiben: »Als Autor kann man sich zurückziehen, kann sich auf eine gewisse Neurotizität berufen und einfach verschwinden.«

»rechtes denken«

»rechtes denken« entstand als Auftrag des ETA-Hoffmann-Theaters in Bamberg, wo Sibylle Broll-Pape in dieser Spielzeit die Leitung übernommen hat. Der neue Dramaturgie-Chef, Remsi Al Khalisi, kannte Küspert noch aus einem gemeinsamen Studienprojekt in Potsdam und wollte ein Stück über rechtes Denken. »Dann nennen wir es doch ›rechtes denken‹«, so Küspert mit solidem Dramaturgen-Pragmatismus. Auf dreieinhalb ineinandergeschnittenen Spielebenen werden weniger individuelle Fallgeschichten erzählt als das Phänomen analytisch ausmodelliert. Thomas Hobbes sorgt für den erschreckend simplen, schlagend zutreffenden Erklärungsrahmen: Wie eine Gemeinschaft das Gewaltmonopol übernimmt zum Schutz vor privater Gewalttätigkeit – und welche weiteren Konfliktpotentiale daraus erwachsen. Zum Beispiel die Frage, wer mitmachen dürfe in dieser Gewaltschutzgemeinschaft oder wie homogen diese Gemeinschaft sein müsse. Willkommen im rechten Denken!

Ergänzend gibt es eine kleine Familienaufstellung, die sich am hochtoleranten deutschen Mittagstisch inklusive aufgeklärter Selbstreflexion zügig als Keimzelle rassistischen Denkens entpuppt. Wobei der kleine Peter in seiner wohlstandsobdachlosen Orientierungssuche bald die nationalsozialistische Kapitalismuskritik und Kulturtheorie so gut draufhat, dass Mutti und Vati tägliche neue Überlebensrekorde im Wegschauen aufstellen müssen. Fehlt noch Ebene drei und dreieinhalb, eine kleine Liebesgeschichte aus dem Leben eines netten Burschenschafters mit einer Schauspielerin, die im Theaterclub ein Stück über rechtes Denken probiert. Anders Breivik hat dann auch noch einen Auftritt. Mit Ebene drei ist Küspert übrigens am wenigsten glücklich: »Das habe ich im Theaterbetrieb gelernt. So ein psychorealistisches Ding, das das Verständnis erleichtert.« Aber sinnvolle Kompromisse werden vom Autor relativ schmerzfrei akzeptiert, solange es in der Arbeit um etwas geht, und Künstlerposen liegen Küspert ohnehin fern.

Regisseurin Julia Wissert hat das »psychorealistische Ding« in ihrer Uraufführung stark zurückgefahren und sucht mehr den größeren Überblick, der leider im Bamberger »Studio« auch nicht immer weit blickt. Das Publikum sitzt auf Bierbänken, reckt die Hälse zu drei im Raum verteilten Minibühnen und wird zu Beginn von aufgekratzten Schauspielern mit Burschenschafter-Mützen zum Mitsingen aufgefordert. Dabei bestehen die Bamberger Zuschauer den ersten Rechtstest mühelos: Bei »Wir lagen vor Madagaskar« sind noch alle stimmstark dabei, aber »Schwarzbraun ist die Haselnuss« müssen die Vorsänger alleine anstimmen. Links wird Thomas Hobbes mit Halma-Kegeln und Legosteinchen nachgespielt, wobei sich leider trotz wandfüllender Videoprojektion die Zusammenhänge bald im Plastikfigurenundfingergewurstel auflösen. Der deutsche Familientisch auf der Bühne rechts wird von einem penetrant dauergrinsenden Elternpaar ins Spießbügerkabarett wegkommentiert, und der letzte Auftritt der Mutter – ein würgender Ausbruch zwischen Gluckenstolz und Verzweiflung, der im Selbstmord endet – bleibt reichlich rätselhaft. Die Burschenschafter vorne mittig schmettern sich erwartbar, aber reichlich holzschnitthaft in ihr Karriereschicksal. Im letzten Drittel der Inszenierung löst sich der Erzählfaden des Stücks bedrohlich auf. Die Bamberger nehmens gelassen und applaudieren kunstrespektvoll.

Bleibt zu hoffen, dass »rechtes denken« noch mehr Chancen erhält. Das rechte Denken jedenfalls wird sich nicht so schnell erledigen. Und die nächste Küspert-Uraufführung folgt noch Ende November: »pest«, wieder im Theater Regensburg. Eine kleine Urszene zwischen Vater und Sohn auf dem Fußballplatz, die viermal anders verläuft und sich in vier verschiedene Biografien mit weitreichenden Konsequenzen verzweigt. Die alten Fragen lassen Konstantin Küspert nicht los: Haben Handlungen Folgen? Warum soll man gut handeln? Und wo beginnt der Schmerz? Demnächst mehr.

Der Text erschien erstmals in Theater heute *12/15.*

Franz Wille, dr. phil., geboren 1960 in München. Studium der Theaterwissenschaften, Germanistik und Anglistik in München und Berlin. 1982-1986 Dramaturg am Theater der Freien Volksbühne in Berlin (Intendant Kurt Hübner). Seit 1990 Redakteur von Theater heute.

Moralische Anstalt, reloaded

Mit seinen schrägen Science-Fiction-Stücken und Recherche-
projekten gehört Konstantin Küspert zu den spannendsten
Dramatikern der Gegenwart
von Cornelia Fiedler

Utopie oder Dystopie? Keine Ahnung! Die Science-Fiction-
Welten, die Konstantin Küspert in seinen Stücken entwirft,
faszinieren, irritieren und erschrecken zugleich: In »sterben
helfen« überwindet eine Gesellschaft Krankheit und Leiden,
allerdings indem sie den »rechtzeitigen« Suizid zur Norm er-
klärt. »das ende der menschheit« erzählt vom planvollen Aussterben des Homo sapiens, um den Planeten zu retten. In »believe busters« verstricken sich vier Zeitreisende beim Versuch,
religiöse Fanatiker zu eliminieren, zunehmend in Widersprü-
che. Der 34-jährige Dramatiker schreibt mit Wucht, Humor
und auffallend hoher Taktzahl gegen den Zynismus und die
Selbstgefälligkeit unserer Zeit an.
»Es fühlt sich an wie ein Trailer«, sagt Küspert selbst nach der
Premiere von »das ende der menschheit« in Dresden, einer
von insgesamt vier Uraufführungen des Autors in dieser Spielzeit. Tatsächlich birgt das radikale Endzeitszenario genug Stoff
für einen Roman oder eine Serie: Wissenschaftler Jorge findet,
die Erde wäre ohne die Menschen besser dran. Also entwickelt
er eine Genmutation, die sich viral verbreitet und bewirkt, dass
ab 2019 alle Kinder ohne Geschlechtsmerkmale zur Welt kommen. Klar, dass die Spezies panisch versucht, die Zeugungs-
und Gebärfähigkeit wiederherzustellen. Frauen werden zur
künstlichen Befruchtung rekrutiert und bis zur Geburt mit
brutalen Methoden abgeschirmt, vergebens. Eine Generation
noch ... und das war's.
Wie kommt man auf ein derart krasses Szenario? Küspert geht

von bekannten Fakten aus, die gern ignoriert werden. Beispielsweise, dass der Mensch irreversible Spuren in der Erdgeschichte hinterlässt, ein drastisches Artensterben inklusive, Stichwort Anthropozän. »Das ist tatsächlich etwas Neues, dass eine Spezies ein solches Massenaussterben herbeiführt«, sagt Küspert, und nicht, wie etwa bei den Dinosauriern, ein Asteroid. Dass dieses neue menschgemachte Zeitalter, das »Anthropozän«, zwar medial ausgeschlachtet wurde, aber keinerlei Umdenken einsetzt, empfindet er als »absolut fahrlässig«.

Die Labortagebücher seines Protagonisten Jorge hat Küspert in glaubhaftem Molekulargenetiker-Sprech verfasst. Akribische Recherche und große Begeisterung für Wissenschaft und Forschung sind für ihn selbstverständlich. »Als Kind hätte ich dir alles über Dinosaurier oder Vulkane erzählen können«, erinnert er sich. »Ich hatte mich wahnsinnig auf Biologie, Chemie und Physik gefreut. Das wurde mir im Gymnasium aber in kürzester Zeit verleidet.« Wieder ist da dieser leise, sehr grundsätzliche Zorn über den falschen Umgang mit Ressourcen. In diesem Fall mit menschlichen, mit Wissen, Interesse, Begeisterungsfähigkeit. Die wollte sich Küspert aber nicht nehmen lassen und so haben seine Theaterarbeiten immer auch etwas von Forschungsprojekten. Das gilt, neben den Sci-Fi-Szenarien, auch für die dokumentarischen Stücke, die er bis 2015 als Dramaturg am Badischen Staatstheater Karlsruhe entwickelt hat. Dort entstanden »Ich bereue nichts« über die NSA-Enthüllungen von Edward Snowden sowie »Rechtsmaterial«, eine Recherche zu den Kontinuitäten rechten Denkens in Deutschland. Ähnlich wird Küspert ab der kommenden Spielzeit wieder arbeiten, er fängt unter dem neuen Intendanten Anselm Weber als Dramaturg am Schauspiel Frankfurt an.

Konsequent seziert Küspert gängige Diskurse, entlarvt in komischer Zuspitzung all die fatalen Beschönigungen und Verdrehungen unserer Alltagssprache. In »das ende der menschheit«

sind es beispielsweise »verunsicherte Bürger«, die im Jahr 2021 bei Ausschreitungen gegen Menschen der neuen, letzten Generation, der geschlechtslosen »Geno«, ein Baby totschlagen. Mitten in dieses Untergangsszenario platziert Küspert dann aber überraschend eine kleine, zerbrechliche Utopie auf Zeit: Diskriminiert und bedroht von der alten Menschheit, ziehen sich die Geno zurück und gründen kleine, herrschafts- und gewaltfreie Gemeinschaften. Als die Alten aussterben, blitzt hier für einen erdgeschichtlichen Wimpernschlag auf, was die Menschheit hätte sein können, hätte sie sich nicht für Zerstörung und Ignoranz entschieden.

Regisseur Anton Kurt Krause, der die Uraufführung in Dresden mit nur drei Schauspielerinnen stemmt, fasst diese dialektische Einheit von Hoffnung und Zerstörung in ein eigenartig tröstliches Schlussbild: Ein kleines Glashaus, vorher Labor, Versuchsstation und Gefängnis, wird zum Archiv, zum Gedächtnis der Menschheit. Der/die letzte Überlebende, Amy, gespielt von Holger Hübner, schließt sachte die Tür und geht ab. Drinnen setzt Regen ein, perlt minutenlang an den Scheiben herunter, im Hintergrund grasen unbeeindruckt einige Rehe in Schwarzweiß.

Küspert teilt zwar die tiefe Skepsis seines Protagonisten Jorge, Resignation ist aber nicht sein Ding. »Wir dürfen nicht aufhören, Zusammenhänge zu erklären«, sagt er. »Ich glaube, wir sind momentan in einer Situation, in der wir eine weitere Befreiung aus der selbstverschuldeten Unmündigkeit brauchen, Rousseau all over again.« Erklären müsse man auch Europa, dieses »eigentlich so kostbare System der Friedenssicherung«. »europa verteidigen« heißt dann sogar das Stück, das Küspert im Auftrag des ETA Hoffmann Theaters Bamberg geschrieben hat und das im Mai zum Mülheimer »Stücke«-Festival eingeladen ist.

Erzählt wird eine Geschichte der Gewalt, der Willkür, der falschen Entscheidungen, verwoben mit einer rotzigen Neufassung des Mythos von Europa und dem Stier sowie diversen Statements heutiger Europäer. Das geht von den Kriegen der Römer über die Kreuzzüge bis zu den Verbrechen der Wehrmacht. Einen bitterabsurden Blick in die Zukunft gibt es auch hier. Zwei österreichische Frontex-Mitarbeiter versenken von ihrem Küstenwachschiff »Salzburger Land« aus im Mittelmeer Boote mit Geflüchteten – und fühlen sich dabei als Wahrer der Zivilisation.

Küsperts Texte heben sich in der Theaterlandschaft ab, weil sie, bei aller stilistischen Komplexität, auffallend aufrichtig wirken. Es sind Angebote, einen Schritt zurück zu treten, heraus aus dem ewigen Wiederkäuen von Meinungen, die gerade dabei sind, Wissen und Erkenntnis den Rang abzulaufen. Der Gefahr, nicht zu wissen, ob man dabei in einem Wunschtraum oder einem Horrorszenario landet, setzt er sich, wie auch sein Publikum, mit Vergnügen aus.

Der Text erschien erstmals in der Süddeutschen Zeitung *am 2. März 2017.*

Cornelia Fiedler, Jahrgang 1978, lebt in Köln, schreibt als Kritikerin und Journalistin u. a. für die Süddeutsche Zeitung, *für* Theater heute *und* nachtkritik *und ist seit 2016 in der Auswahljury der Mülheimer Stücke.*

*Uraufführungen der Theaterstücke von Konstantin Küspert
(Auswahl)*

mensch maschine
Mindestens 4 Darsteller/innen
UA: Theater Regensburg
22. September 2013
Regie: Sahar Amini

rechtes denken
4 Darsteller/innen, Besetzung variabel
UA: ETA Hoffmann Theater Bamberg
18. Oktober 2015
Regie: Julia Wissert

pest
2 D, 3 H, Besetzung variabel
UA: Theater Regensburg
20. November 2015
Regie: Katrin Plötner

Die Troerinnen
Tragödie von Euripides
Neu übertragen von Konstantin Küspert
4 D, 3 H, 1 Kind, Besetzung variabel
UA: Staatstheater Karlsruhe
9. April 2016
Regie: Jan Philipp Gloger

europa verteidigen
2 D, 3 H, Besetzung variabel
UA: ETA Hoffmann Theater Bamberg
9. Oktober 2016
Regie: Cilli Drexel

sterben helfen
3 D, 3 H, Besetzung variabel
UA: Staatstheater Karlsruhe
15. Dezember 2016
Regie: Marlene Anna Schäfer

believe busters
2 D, 3 H, Besetzung variabel
UA: Landestheater Württemberg-Hohenzollern Tübingen
Reutlingen
25. Februar 2017
Regie: Dorothea Schröder

das ende der menschheit
Mindestens vier Darsteller/innen, Besetzung variabel
UA: Staatsschauspiel Dresden
17. Februar 2017
Regie: Anton Kurt Krause

asche
1 H
UA: Theater Detmold
26. Januar 2018
Regie: Kathrin Mayr

der westen
1 D, 3 H, Besetzung variabel
UA: ETA Hoffmann Theater Bamberg
25. Mai 2018
Regie: Sibylle Broll-Pape

Konstantin Küspert, Autor, Dramaturg, Übersetzer, 1982 geboren in Regensburg. Studium der Germanistik, Politik, Philosophie an der Universität Wien und Szenisches Schreiben an der Universität der Künste Berlin. Von 2013 bis 2015 Schauspieldramaturg am Badischen Staatstheater Karlsruhe, dort u. a. Stückentwicklungen zum NSU und zur NSA sowie eine Bühnenadaption von Hermann Hesses Roman *Das Glasperlenspiel*. Für *europa verteidigen*, entstanden als Auftrag für das Theater Bamberg, erhielt er 2017 bei den Mülheimer Theatertagen den Publikumspreis. Seit der Spielzeit 2017/18 Dramaturg am Schauspiel Frankfurt.